跨 学 科 课 程 丛 书　　杨 四 耕　　主 编

# 大概念课程
## 幼儿园特色主题活动设计

周秀翠◎主编

华东师范大学出版社

·上海·

**图书在版编目(CIP)数据**

大概念课程：幼儿园特色主题活动设计/周秀翠主编. —
上海：华东师范大学出版社，2020
(跨学科课程丛书)
ISBN 978 - 7 - 5760 - 0656 - 8

Ⅰ.①大… Ⅱ.①周… Ⅲ.①活动课程－教学设计－学
前教育 Ⅳ.①G613.7

中国版本图书馆 CIP 数据核字(2020)第 133045 号

跨学科课程丛书

## 大概念课程：幼儿园特色主题活动设计

丛书主编 杨四耕
主　　编 周秀翠
责任编辑 刘　佳
项目编辑 林青荻
责任校对 樊　慧　时东明
装帧设计 卢晓红

出版发行 华东师范大学出版社
社　　址 上海市中山北路 3663 号　邮编 200062
网　　址 www.ecnupress.com.cn
电　　话 021 - 60821666　行政传真 021 - 62572105
客服电话 021 - 62865537　门市(邮购)电话 021 - 62869887
地　　址 上海市中山北路 3663 号华东师范大学校内先锋路口
网　　店 http://hdsdcbs.tmall.com

印 刷 者 上海锦佳印刷有限公司
开　　本 787×1092　16 开
印　　张 17.25
字　　数 249 千字
版　　次 2020 年 8 月第 1 版
印　　次 2022 年 7 月第 2 次
书　　号 ISBN 978 - 7 - 5760 - 0656 - 8
定　　价 52.00 元

出 版 人 王　焰

(如发现本版图书有印订质量问题,请寄回本社客服中心调换或电话 021 - 62865537 联系)

# 编委会

# 丛书总序

## 跨学科课程：学校课程变革的时代走向

　　课程即科目，课程即知识，这种观念在人们的心里根深蒂固。其实，自古以来，课程就是"无学科"的，只是后来才发生了分化。古代社会的课程是以综合为特征的，专门化程度很低，与严格意义上的分科课程根本不能相提并论。换言之，原始的课程其实是"跨学科"的，是以人们对自身和外部世界的初态认识为基础的，学科分化是近现代以来的教育杰作。今天的跨学科课程是课程发展过程的否定之否定，是对此时代复杂问题的一种教育回应。

　　什么是跨学科？20世纪70年代，很多学者从不同视角对这个概念进行了界定。奥地利学者埃里克·詹奇（Erich Jantsch）将教育或创新组织看作一个自上而下的金字塔系统：目的层次、规范层次、实用层次、经验层次。詹奇认为，对于每一组相邻的层次而言，上一层次都赋予了下一层次目的性意义，而跨学科就是在相邻的高层次目的指导下，低层次中不同学科间的协调。通过多个层次目的的协调，最终得出适用于整个系统的共同目标，该共同目标可更好地协调整个系统以适应外界的变化。因此，跨学科的"跨界"属性是明显的，具有纵向协调和横向互动特征。

　　何谓跨学科课程？我们认为，跨学科课程是整合两种及以上学科的观念与方法，以解决真实问题为抓手，进而催生跨学科思维的一种课程范式。从"目的—手段"维度看，跨学科课程以获得跨学科思维为目的，以跨学科观念和方法为手段，以解决真实问题为中介。它既是一种以跨学科思维为取向的课程理念，又是一种

综合探究性质的课程形态。

## 一、跨学科课程是以跨学科思维培育为取向的课程

跨学科思维是一种整合思维，它通过移植、共融、联动、互补的作用机制实现学科整合，这些机制的本质就是跨学科思维，跨学科课程正是以这种整合思维实现对真实问题的解决。跨学科思维是高阶整合思维，具有跨学科的问题意识、边界识别意识以及领域互动意识等思维特征。

跨学科课程着眼于跨学科思维培育和整体性人格培养。英国哲学家怀特海（Whitehead，A. N.）说："教育只有一个主题，那就是五彩缤纷的生活。但我们没有向学生展现生活这个独特的统一体，而是教他们代数、几何、科学、历史，却毫无结果；……以上这些能说代表了生活吗？ 充其量只能说，那不过是一个神在考虑创造世界时他脑海中飞快浏览的一个目录表，那时他还没有决定如何将它们合为一体。"怀特海的观点是令人深思的：学科是单向的，生活实施完整的；学科不代表生活，生活需要智慧。联合国教科文组织国际教育发展委员会在《学会生存——教育世界的今天和明天》中指出："目前教育青年人的方式，对于青年人的训练，人们接收的大量信息——这一切都有助于人格的分裂。为了训练的目的，一个人的理智认识方面已经被分割得支离破碎，而其他的方面不是被遗忘，就是被忽视；不是被还原到一种胚胎状态，就是随它在无政府状态下发展。为了科学研究和专门化的需要，对许多青年人原来应该进行的充分而全面的培养被弄得残缺不全。为从事某种内容分得很细或者某种效率不高的工作而进行的训练，过高地估计了提高技术才能的重要性而损害了其他更有人性的品质。"因此，超越学科，走向生活，推进跨学科课程是学校课程变革的一个走向。

## 二、跨学科课程是以解决真实问题为抓手的课程

化静态为动态、化抽象为具体、化知识为智慧，跨学科课程首先表现为课程内容的这些改变。同时，运用跨学科观念，解决真实问题，发展学习者的跨学科理解力，跨学科课程本质上是学习场景与方式的变革。在这里，学习即探究、即行动、即跨界、即问题解决。作为学习方式，跨学科课程突破了行为主义学习理论将学习视为行为刺激与改变的观点，也突破了认知学习理论将学习视为信息加工、存

储与提取的个体认知过程的见解。跨学科课程视学习为发生于具体情境中的社会关联实践,是具体的、鲜活的,是多维社会关联与交往互动的。跨学科课程是一种解决真实问题的实践活动,具有实践性、情境性和社会性特征。

2015 年,联合国教科文组织通过的《教育 2030 行动框架》将社会情感学习提上全球教育政策议程:教育不仅仅要关注认知学习,更要关注儿童识别和管理情绪、关心他人、做出负责任决定、建立积极人际关系及巧妙应对挑战性情境等社会情感能力的培养。所谓社会情感能力,就是学生在处理与自我、与他人以及与社会的关系中敏锐觉察和妥善应对的能力,其中既关涉"知道如何"的问题,又关涉"实践如何"的问题,是"认知"和"行动"的有机统一。佐藤学说:学习是建构客观世界意义的"认知性实践",建构伙伴关系的"社会性实践",探索自我的"伦理性实践"。把学习视为一种实践,一种建构客观世界的意义实践、编织自我同他人关系的交往实践、探索自我价值的生命实践,这是跨学科课程丰富多彩的学习面貌。

**三、跨学科课程是以跨学科观念和方法为手段的课程**

世界的整体性、复杂性需要跨学科观念和方法,需要学科间的融合与渗透。法国学者博索特曾把跨学科方法分成三种类型:一是线性跨学科,即把一门学科的原理运用到另一门学科中的做法;二是结构性跨学科,即在两门或两门以上的学科结合中产生新的学科;三是约束性跨学科,即在一个具体目标要求的约束下,实现多学科的协调和合作。跨学科观念和方法是两门或两门以上学科之间相互作用的一种观念和方法。这种相互作用可能从简单的观点交流到在一个领域内组织概念、方法论、认识论、术语、数据、研究和教学组织之间的相互融合,包含不同学科门类之间、学科和生活之间、自然科学和社会科学之间的多种合作形式。从跨学科的作用机制看,跨学科观念和方法比较有利于解决复杂问题。如果说单一学科方法旨在解决单一领域内的问题的话,跨学科方法则旨在整合不同学科观念和方法用以解决综合性的真实问题。

依据学科之间的整合程度与行动特性,我们可以将跨学科课程分为三种实践形态。一是多学科课程。多学科课程是在保留学科界限的前提下,用多个学科的视角、观念和方法探究一个问题或主题,由此催生多学科理解的课程实践形态。多学科课程的特点是既保持学科原有的逻辑体系,又在学科之间建立联系。二是融学科课程。融学科课程是将两种或两种以上学科融合起来,模糊学科界限以生成新的思维逻辑,在探究一个问题或主题中催生融学科理解的课程实践形态。如艺术课程融合了音乐、美术、戏剧、舞蹈等学科,就可以被视为融学科课程。三是超学科课程。超学科课程是跨越所有学科的界限,围绕共同主题展开探究性学习,在解决问题的过程中发展超学科理解力。如综合实践活动课程就属于超学科课程范畴。

当然,学科课程与跨学科课程是相对的,二者并不是对立的,而是相互嵌入、相得益彰的。只有当学习者充分理解了学科逻辑、具备了学科思维,才能在不同学科之间建立内在联系,进而创造性地解决复杂的真实问题,发展跨学科观念和能力。同时,任何一门学科课程,只有与真实的生活世界发生联系,在学科之间建立起了真正的联系,才能充分发展学习者的学科素养。

杨四耕

2020 年 4 月 8 日于上海市教育科学研究院

# 目录

总论　大概念课程与儿童发展丨001

**第一章**　大概念课程的旨趣丨011

　　大概念课程是一种蕴含"完整的人"的教育理念。这种教育理念，无论是在观念层面，还是在思维层面，或者在实践层面，都有积极的意义。作为一种课程设计方法，大概念课程指向知识背后的智慧，是深刻的、可迁移的；作为一种课程实施范式，大概念课程是以学习为中心的观念和准则。

设计 1：别碰我的蜂蜜 / 012

设计 2：饭团弟弟我爱你 / 031

大概念课程不是绝对概念,而是相对概念,包含着实质大概念和形式大概念。实质大概念主要是原理、理论或模型,形式大概念是与方法有关的技能与过程。一般来说,大概念课程是一种聚合性课程,内含多个小概念主题,它们相互联结共同构成"学习链"。

设计 3：魔法面粉 / 052
设计 4：番茄探秘 / 070

掌握大概念课程"减肥"的路径和方法,可以让老师尽可能少教而学生可以多学多得。一般来说,教师只需要教给学生相对较少的大概念,学生就可以对完整的学习有联结性的理解,进而建立起与生活世界的多维联系。

设计 5：原来土豆很好吃 / 094
设计 6：南瓜汤 / 117

大概念课程是问题导向的,而不是结果导向的;是生活导向的,而不是知识导向的。大概念课程是问题探究的"基站",是生活世界的"舞台",它不断以大概念为中心进行纵向联结,实现内容的整合和组织,不断跨越知识进入生活领域,最终让儿童获得跨界的学习体验。

设计 7:遇见春天 / 138
设计 8:彩虹色的花 / 155

第五章　大概念课程的智慧 | /77

大概念课程具有超越时空的价值,现世性和功利性不是大概念课程的价值取向,它的方法论和价值论能帮助儿童确定超越当下走向未来的线索和方位,它预示了一种无可辩驳的课程发展趋势:从知识中心向主题中心迈进。

设计 9:爱吃水果的牛 / 178
设计 10:草莓点心 / 196

大概念课程的魅力在于激发儿童的探究兴趣，引导儿童在不断求索中确认自己的发现者、研究者和探寻者身份。大概念课程最虔诚的信仰就是致力让孩子们像专家一样思考，像主人一样负责，形成带得走的能力，而不是带着背不动的书包。

设计 11：很大很大的蛋 / 214
设计 12：一粒小豆子 / 236

后记 | 257

# 总论

## 大概念课程与儿童发展

大概念,也称大观念(Big Ideas)。在教育领域,国外相关研究开展得较早,积累了较为丰富的经验。当前在我国,关于大概念的研究尚处于起步阶段。2017年起,教育部在中小学课程改革中,陆续使用大概念统整各学科课程内容,基于大概念基础实施的理念受到各方的关注。然而,大概念与幼儿园课程的结合目前还处于空白地带。大概念是什么? 大概念课程的核心价值是什么? 大概念课程与传统意义上的课程有何区别? 大概念课程与幼儿园主题活动有着怎样的关系? ……带着种种思考,我们一路追寻、探究,以期一窥端倪。

关于大概念,研究者基于不同的角度有着不同的阐述。美国著名认知派心理学家和教育家杰罗姆·布鲁纳认为,无论教师教授哪类学科,一定要使学生理解该学科的基本结构,有助于学生解决课堂内外所遇到的各类问题。林恩·埃里克森则认为,大概念是指向学科中的核心概念,是基于事实基础上抽象出来的深层次的、可迁移的概念。而从国内学者李刚、吕立杰的研究中,我们发现大概念在本质属性上呈现中心性、可持久性、网络状、可迁移性等特点。①

主题活动,是指在集体性活动中,以一个主题为线索,围绕主题进行活动与交流。幼儿园的主题活动是指打破学科、领域的界限,根据主题的核心内容开展活动,并创设相应的教育环境,生成五大领域的一系列课程。相对于传统的分科

---

① 李刚,吕立杰. 国外围绕大概念进行课程设计模式探析及其启示[J]. 比较教育研究,2018,40(09):36—37.

教学来说，主题活动这种教学形式更灵活、更系统，它贴近幼儿日常生活，以幼儿的兴趣为出发点，有利于幼儿在快乐的童年生活中获得有益于身心发展的经验。

结合大概念的内涵及本质属性，我们认为，基于大概念理念开展幼儿园主题活动将更有利于幼儿综合素质的提高和发展。从大概念呈现的中心性来说，大概念居于学科的中心位置，体现学科结构和学科本质，[①]基于大概念理念开展主题活动将更有利于核心素养的达成；从大概念呈现的可持久性来说，大概念是对学科的深入理解，是经验和事实消失之后还存留的核心概念，[②]基于大概念理念开展主题活动，幼儿习得的生活经验将不只停留在事物的表面，而将贯穿一生；从大概念呈现的网络状来说，这种网络状结构不仅包括学科内的纵向联结，还包括学科间的横向联结，[③]基于大概念理念开展主题活动将更有利于幼儿建构整体的、系统的知识结构；从大概念呈现的可迁移性来说，随着时间的迁移，大概念能被应用于许多学科情境以至学校以外的新情境中，基于大概念理念开展主题活动将更有利于幼儿生活经验的活学活用。

我们基于大概念课程理念开展幼儿园主题活动，在价值取向上有着鲜明的特征，主要体现在以下三个方面。

### 1. 重视问题引领，激发探究兴趣

在幼儿教育中，早期阅读不仅对儿童语言发展具有重要意义，还对儿童的想象、思维、情感、社会化及审美能力等具有重要价值。介于早期阅读的重要作用，我们把培养幼儿良好的阅读习惯作为一个重要的教育目标。绘本具有表达形式多样、物象形态生动、色彩鲜明协调，集文学性、生活性、教育性、情趣性为一体等特点，是最易于被幼儿接受的文学作品形式，也是早期阅读最重要的一种读物。为了使阅读活动变得更加鲜活有趣，我们在开展绘本阅读时融入幼儿所喜爱的烹饪活动。别开生面的"读绘本，玩烹饪"给孩子带来了全新的阅读体验。

顺着孩子的兴趣出发，通过梳理线索，我们以"绘本"及"烹饪"为核心，生发出适合各年龄段幼儿探索的主题活动，并在主题活动中融合健康、语言、社会、科学、

---

①②③ 李刚，吕立杰. 国外围绕大概念进行课程设计模式探析及其启示[J]. 比较教育研究，2018，40
   （09）：36—37.

艺术五大领域的内容。

以"很大很大的蛋"主题活动为例：

在某天的故事分享活动中,老师和孩子们一起分享绘本故事《很大很大的蛋》。讲到故事的结尾:蛋要裂开了,到底蛋里会孵出什么动物来呢? 孩子们纷纷猜测,有的说是恐龙,有的说是大棕熊,有的说是蛇……孩子们对蛋产生了很大的好奇心,教师巧妙地捕捉到这一教育契机,引领孩子们共同开启了"蛋"的探索之旅。

"哪些动物会下蛋?""蛋都是白色的吗?""鸡蛋里面是不是都有一个鸡宝宝?"……孩子们对蛋有各种各样的疑问。教师邀请家长协助孩子到超市进行实践调查、上网搜索图片资料,孩子们将找到的答案记录到"蛋的调查表"中。小组分享时,孩子们纷纷将自己找到的答案告诉小伙伴,老师帮助孩子们汇总记录答案,让孩子们对蛋的形状、大小、颜色、构造形成了一个较完整的感知。通过观看音像视频,孩子们还初步了解了卵生动物的生长过程,感悟到生命的珍贵。

"蛋能站起来吗?""生蛋和熟蛋混在一起了怎么办?""蛋壳那么容易破,该怎么保护它?""蛋可以做成哪些好吃的东西?"……孩子有一百个天马行空的想法,老师保护孩子的好奇心和求知欲,师幼一起生成了"立蛋""区分生蛋熟蛋""护蛋大行动""制作小蛋糕"等一系列妙趣横生的活动。

苏霍姆林斯基指出:"人的内心里有一种根深蒂固的需求——总想感到自己是发现者、研究者、探寻者。在儿童的精神世界中,这种需求特别强烈。"①基于大概念理念开展的幼儿园主题活动,始终以问题引领探究过程,教师不停地接过孩子抛来的"球",又不停地将"球"抛回给孩子,在循环往复中推动孩子学习的深度和广度,推动孩子对事物的认知从表浅走向本质。

### 2. 创设教育情境、引发知识联结

在现实生活中,问题往往是错综复杂的。大概念并不是简单的一个概念、主题或问题,它呈现一种网络状结构。这种网络状结构既包括学科内网络结构,也

---

① 苏霍姆林斯基. 给教师的一百条建议[M]. 天津:天津人民出版社,1981:70.

包括学科间网络结构。① 也就是说，大概念不仅能促成学科内的纵向联结，也能促成学科间的横向联结，它能"使得离散的事实和技能相联系并具有一定的意义"②。

基于大概念理念开展的幼儿园主题活动，相比传统意义上的主题活动，更注重教育情境的创设，通过情境引发知识的联结，促进幼儿知识结构的自我建构与完善。

以"嗨，我是土豆"主题活动为例：在科学活动"土豆宝宝学游泳"中，老师创设多种情境不断地引发孩子的学习兴趣。

**情境一**："两个土豆宝宝想学游泳"

从观察中发现，1号杯的土豆浮起来了，2号杯的土豆却是沉下去的。这是为什么呢？老师神秘地说："这是因为我在1号杯里施了魔法！而2号杯只是一杯普通的清水。""我的魔法是糖、味精、盐中的一种，请你试一试找出我的魔法到底是哪一种。"神奇的现象，巧妙的情境设置，让孩子们全神贯注投入到接下来的实验中。孩子们通过亲自动手操作找出了老师所施的魔法就是"盐"！——盐能让土豆浮起来。

**情境二**："大土豆进游泳池"

"是不是随便加多少盐土豆都能浮起来呢？""这里有个大土豆也说它想要去游泳（将大土豆放入水中），为什么它沉下去呢？有什么办法让大土豆宝宝浮起来？"孩子们往水里继续加盐，大土豆终于浮起来了。——盐越多水的浮力越大。

---

① 李刚,吕立杰.国外围绕大概念进行课程设计模式探析及其启示[J].比较教育研究,2018,40(09)：37.

② （美)格兰特·威金斯,（美)杰伊·麦克泰格.追求理解的教学设计(第二版)[M].闫寒冰,宋雪莲,赖平,译.上海：华东师范大学出版社,2017：6.

**情境三："死海"现象**

"人到海里会不会被海水淹没？有一个神奇的海却可以使人浮在海面上！"通过视频，孩子们见识了神奇的"死海"现象。——死海的含盐量是普通海水的十倍，所以浮力很大，人能漂浮在海面上。

没有多余的一句说教，趣味盎然科学小课堂的秘籍就是多变、巧妙的问题情境。教师通过三个小情境引发了幼儿的深入学习和探索，将零散的生活经验建立起有意义的联结，通过"死海"现象的拓展学习又开拓了幼儿的视野，推动了知识的迁移运用。

我们的每一个主题中都有相应的烹饪活动。如在"魔法面粉"主题中，孩子们做纸杯蛋糕、比萨、面条……烹饪活动不但包括了切、削、搅拌等烹饪技能的学习，还包括认识食材、器皿、工具，以及称量、计算等方面的知识经验。这又体现了不同学科间的融合和知识技能的综合运用。在大概念理念下的主题活动着重知识经验的整体建构，着重幼儿综合素养的全面提升，让孩子成为能适应未来社会的完整的社会人。这与教育部颁发的《3—6岁儿童学习与发展指南》（以下简称为《指南》）中提到的"儿童的发展是一个整体，要注重领域之间、目标之间的相互渗透和整合，促进幼儿身心全面协调发展，而不应片面追求某一方面或几方面的发展"不谋而合。在主题五大领域的活动中，亦有很多跨学科的案例，此外，还有很多综合性的活动，亦体现了学科间的交叉融合及对幼儿综合素质的培养。

**3. 注重动手实践，促进终身发展**

《指南》指出："幼儿的学习是以直接经验为基础，在游戏和日常生活中进行的。要珍视游戏和生活的独特价值，创设丰富的教育环境，合理安排一日生活，最大限度地支持和满足幼儿通过直接感知、实际操作和亲身体验获取经验的需要。"素质教育的核心，是人的全面发展。在传统教学中，常常出现知识概念与真实生活相分离的状况，"高分低能"的情况屡见不鲜。大概念理念下的主题活动，鼓励幼儿动手操作、实地调研，立足实践，培养幼儿主动思考问题和解决问题的能力，

帮助幼儿建构起立体的生活经验，为幼儿终身的学习和可持续发展打下基础。

主题活动中，需要收集资料、实地考察、调研、推理、猜想、论证、实验、记录、分类、归纳、汇总、分享、沟通、协作……充分挖掘幼儿的思维潜力，支持幼儿用一百种方式表达自己对外界事物的认知和探索，幼儿所获得的能力将贯穿其终身的成长。

大概念课程背景下的主题活动以"绘本"和"烹饪"为双核心，"绘本"与"烹饪"是主题的载体。在主题的生成过程中，可以一本或多本绘本为"起点"，通过阅读绘本，发现孩子的兴趣点，激发孩子的学习探究热情，由此延伸到五大领域展开一系列的活动。需要注意的是，这一类绘本的内涵应该是丰富的、贴近幼儿生活的，这一类绘本还应该具有可挖掘的教育价值，且与"烹饪"活动建立相关的联结点。

## 一、绘本的选择与开发

### 1. 以某一绘本为素材，建构生成主题

以"爱吃水果的牛"主题活动的产生为例：孩子们在图书区翻阅《爱吃水果的牛》绘本，边看边七嘴八舌议论："这头牛喜欢吃草莓呢！它还吃西瓜呢！""吃完以后它就会挤出草莓牛奶、西瓜牛奶！"一个孩子提出疑问："牛不是喜欢吃草吗？为什么吃水果，还挤出水果牛奶呢？怎么可能这么神奇！"另一个孩子反驳："我们平时也喝过草莓味的牛奶！我觉得应该就是像故事书那样，牛吃了草莓所以就挤出草莓味牛奶了！"……牛奶是孩子日常生活中不可缺少的营养品，但城市里很多孩子都没有见过奶牛。牛到底吃不吃草莓？吃了草莓会不会产出草莓味牛奶？哪种牛会产下有营养的牛奶？……鉴于孩子们对"牛"和"牛奶"产生的兴趣，老师和孩子们共同收集种种有价值的问题线索，共同生成了"爱吃水果的牛"主题活动。

### 2. 综合多个绘本素材，建构生成主题

以"嗨，我是土豆"主题活动的产生为例："我最喜欢吃土豆了，每次有土豆我会很快吃完饭！""幼儿园的咖喱土豆太香了！""我在家还吃过土豆焖牛肉。""土豆还可以做土豆泥、拔丝土豆、土豆沙拉！"……老师从孩子们的聊天中了解到小朋友都爱吃土豆，对土豆有共同的话题。土豆是怎样生成的？土豆有怎样的营养价值？土豆可以做成哪些美食呢？……带着这样的疑问，老师发动孩子们找到了《嗨！我是土豆》《原来，土豆很好吃》等绘本，以"土豆"为线索展开了主题活动。

## 二、绘本与主题的转换

绘本是主题探索的缘起,但绘本并不等于主题,在确定绘本后,需要进行绘本与主题的转换,形成主题概念图谱。转换的方法与步骤:第一,深入分析绘本内容,挖掘潜在价值线索;第二,联结幼儿生活经验,预设主题概念图谱;第三,根据幼儿兴趣能力,延展生成新的活动。以"魔法面粉"主题概念图谱(见图1)为例,我

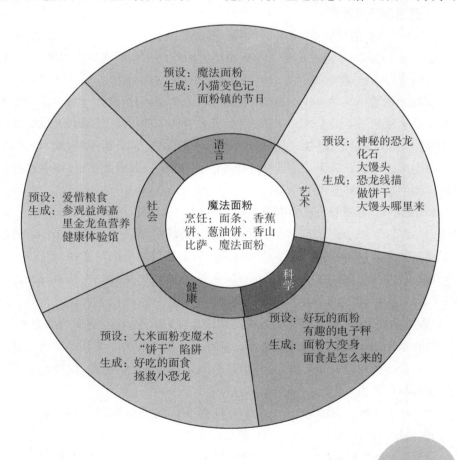

图 1
"魔法面粉"主题概念图谱

们能发现：主题概念图谱体现了以"绘本""烹饪"为双核心，以五大领域活动为支撑。主题中五大领域的活动目标符合《指南》要求，体现小班、中班、大班幼儿的年龄特点，在课程设置和安排上具有连贯性、系统性、科学性。在主题概念图谱中，既有教师预设的活动，也有幼儿生成的活动。

## 三、主题活动开展的形式

《幼儿园教育指导纲要》要求"引导幼儿接触优秀的儿童文学作品，使之感受语言的丰富和优美，并通过多种活动帮助幼儿加深对作品的体验和理解"。有别于其他的主题活动，在大概念背景下的主题活动中，绘本故事与烹饪活动相结合能更有效地激发幼儿的阅读兴趣，帮助幼儿联结生活经验，建立立体感受。绘本烹饪主题活动囊括了绘本阅读、烹饪活动、五大领域活动，在开展形式上也更加丰富和灵活，有小组讨论、故事表演、参观调查、外出实践、亲子制作等，其中尤其突出了绘本阅读与烹饪活动的比重，在"绘本"与"烹饪"关系的处理上，两者的融合主要体现为以下几种方式：

### 1. 读绘本、玩烹饪、在学中玩

（1）边读绘本边做美食。如《爱是一捧浓浓的蜂蜜》是一本充满了亲子柔情和母爱温暖的绘本，作者通过文字向读者传达"爱是可以感受的"，就像"跳下床来，拉开窗帘，在地板上猛翻筋斗"；"爱是可以观看和欣赏的"，就像"突然出现在天空的彩虹"；"爱也是可以品尝的"，就像"一捧浓浓的蜂蜜"……绘本阅读进行到这里时，教师不妨停下来，捧出蜂蜜让孩子们尝尝蜂蜜的味道，切身感受到蜜的甜味，还可以和孩子们一起泡一壶蜂蜜柚子茶、蜂蜜百香果茶等简单的饮品。幼儿通过亲自操作和体验，对"爱的味道"就会建立起更直观的感受。接着，教师再把剩余的绘本故事讲完。

边讲绘本边做美食的好处在于，即时点燃孩子的兴趣，让孩子的热情达到沸点，瞬时将绘本与生活体验连接起来，感受更立体、更直观。

（2）读完绘本再做美食。如《饭团弟弟我爱你》是一本介绍饭团制作过程的绘本，书中把饭团弟弟画得特别形象。三个饭团弟弟都使劲把自己捏紧，然后一起张大嘴巴，吞下了不同的味道：梅子口味的馅儿、鲑鱼口味的馅儿、干鲣鱼口味的馅儿。接着，饭团弟弟从脚底往头上穿上绿色的海苔衣服，直到把整个身体都包上为止,梅子饭团、鲑鱼饭团、干鲣鱼饭团就做好了。完整讲完绘本后,幼儿对做饭团的过程有了初步的了解,这时候教师再准备好材料带领幼儿做饭团能起到更好的效果。做饭团的过程,也是幼儿回忆和复述故事的过程,幼儿迁移绘本中的经验,制作出美味的饭团,那将是一种巨大的成就感。当然,制作美食不一定局限于书中提及的梅子饭团、鲑鱼饭团、干鲣鱼饭团,教师还可以激发幼儿原有的生活经验,制作更多种类的饭团。

读完绘本再做美食的优势在于保持了绘本学习的连贯性和完整性。通过烹饪活动,幼儿有机会及时梳理和回忆故事的过程并应用于实践中,心理上更容易获得满足和成就感。

### 2. 玩烹饪、做绘本、在玩中学

绘本故事和烹饪活动的融合是双向的,结合绘本开展烹饪活动之后,可以让幼儿叙述烹饪的过程,在家长协助下制作成自己的绘本小书;中大班能力强的幼儿,还可以通过绘画、剪贴等多种形式制作成自己独特的绘本小书。这个过程,不仅能让幼儿复习回忆原来读过的绘本故事,还能迁移相关的烹饪经验并升华成更高层次的经验,这就是幼儿的知识经验建构的过程。

以大班"嗨,我是土豆"主题活动为例:在这个主题中,师幼一起开展了土豆沙拉、山药土豆泥等烹饪活动。幼儿对做土豆沙拉尤其感兴趣,已经熟练掌握了压土豆泥、拌沙拉、切青瓜和小番茄拼盘的过程。教师顺应幼儿的兴趣,引导幼儿将制作土豆沙拉的过程画成了一本有封面、有封底、编好页码的小书。这不仅让幼儿熟悉了图书的制作过程,更给幼儿提供了一个表达自身知识经验的机会,幼儿通过思考、探索、整理,建构成自身独特的知识经验。

大概念背景下的主题活动,为幼儿提供了一个宽松、自由的心理氛围和物质环境,幼儿通过阅读获得了心灵的滋养和满足,养成了良好的早期阅读习惯;通过烹饪制作获得了真实的生活体验,为在今后生活中照顾自己和照料环境打下了基础;通过动手实践获得了能力的提升,为终身学习和可持续发展奠定了基础。

(撰稿者:周秀翠　房丽娜)

# 第 一 章

# 大概念课程的旨趣

　　大概念课程是一种蕴含"完整的人"的教育理念。这种教育理念，无论是在观念层面，还是在思维层面，或者在实践层面，都有积极的意义。作为一种课程设计方法，大概念课程指向知识背后的智慧，是深刻的、可迁移的；作为一种课程实施范式，大概念课程是以学习为中心的观念和准则。

# 设计 1

## 别碰我的蜂蜜

### 一　主题聚焦

《别碰我的蜂蜜》这个绘本故事讲述的是一头可怕的大熊有一大罐美味的蜂蜜,可它不想分给任何人!小老鼠、小鼹鼠和兔子兄弟都想尝尝蜂蜜,它们悄悄侦察,小心翼翼穿过荆棘丛,慢慢向大熊靠近,它们能顺利拿到蜂蜜且不被可怕的大熊发现吗?一个充满童真童趣的调皮故事,结果一定出乎小朋友的意料!小班孩子以自我为中心的现象比较严重,希望通过主题活动的开展能让孩子懂得分享的快乐。

### 二　活动目标

#### (一)健康

初步了解蜂蜜的味道及在生活中的用处,萌发对小蜜蜂的喜爱之情;少吃甜食,懂得保护自己的牙齿;外出游玩时碰见小蜜蜂不随便去碰,注意保护好自己;喜欢参加身体锻炼,发展钻、爬、跑、跳等动作,感受运动的快乐。

#### (二)语言

会安静倾听同伴说话,不插嘴;喜欢与同伴交谈,愿意在集体面前讲话,能听懂并愿意说普通话;在教师的引导下,学习围绕主题谈话,能用短句表达自己的意思;理解内容简单、特征鲜明的实物、图片和情景,能说出绘本故事的主要情节;喜欢欣赏绘本,愿意参加文学活动,对文学作品感兴趣,初步感受文学作品的语言美;掌握看书的基本方法,能初步看懂单幅儿童图画书的主要内容。

### （三）社会

能主动地参与各项活动,有自信心,乐意与人交往,愿意互助、合作、分享,有同情心;理解并遵守日常生活中基本的社会行为准则,能像小蜜蜂一样爱劳动,不怕困难,有初步的责任感;在成人的指导下学习自己选择活动,做力所能及的事情,感受独立做事的快乐和满足;当遇到挫折、困难时,能够向成人寻求帮助;学习小蜜蜂的精神,做事情能坚持到底,体会成功的快乐。

### （四）科学

了解蜜蜂的特征,乐于探索研究蜜蜂的相关知识;观察蜜蜂采蜜的现象,获得初步的感性经验,感受蜜蜂与花朵的关系;具有爱护动物、热爱大自然的美好情感。

### （五）艺术

学会逐句唱歌,吐字清楚、节奏基本正确,逐步做到唱准曲调;能初步理解并表现歌曲的内容和情感;学习按照音乐的拍子做简单的律动;欣赏日常生活中常见的、色彩鲜艳的事物,具有初步的审美意识;学习用组合图形表现小蜜蜂等物体的轮廓特征;尝试用团圆、压扁、搓长等方法塑造小蜜蜂等动物的形象,体验手工活动的乐趣。

## 三 概念图谱

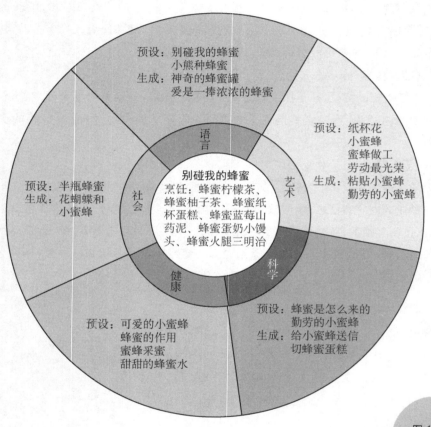

预设：别碰我的蜂蜜
小熊种蜂蜜
生成：神奇的蜂蜜罐
爱是一捧浓浓的蜂蜜

预设：纸杯花
小蜜蜂
蜜蜂做工
劳动最光荣
生成：粘贴小蜜蜂
勤劳的小蜜蜂

预设：半瓶蜂蜜
生成：花蝴蝶和
小蜜蜂

语言

艺术

社会

别碰我的蜂蜜
烹饪：蜂蜜柠檬茶、
蜂蜜柚子茶、蜂蜜纸
杯蛋糕、蜂蜜蓝莓山
药泥、蜂蜜蛋奶小馒
头、蜂蜜火腿三明治

科学

健康

预设：蜂蜜是怎么来的
勤劳的小蜜蜂
生成：给小蜜蜂送信
切蜂蜜蛋糕

预设：可爱的小蜜蜂
蜂蜜的作用
蜜蜂采蜜
甜甜的蜂蜜水

图 1-1
"别碰我的蜂蜜"主题概念图谱

四 环境创设

## （一）活动室环境

## （二）区域环境

### 1. 语言区

投放与主题相关的绘本、自制小书等。

## 2. 烹饪区

投放相应的食材供幼儿制作蜂蜜点心、饮品等。

图 1-4
烹饪区环境一览

## 3. 美工区

提供各类画笔、颜料、手工材料，供幼儿进行涂鸦、绘画和各种创意手工制作。

## 五　活动设计

### 语言活动：别碰我的蜂蜜

#### （一）活动目标

1. 初步理解和感知故事的内容
2. 能仔细观察画面，大胆表述自己的观察、猜测与想象
3. 感受幽默有趣的情节，乐意与老师、同伴分享故事

#### （二）活动准备

绘本《别碰我的蜂蜜》，动物大图，PPT。

## （三）活动过程

1. 谈话引入主题

师：小朋友，你们认识"熊大""熊二"吗？你能说说熊是什么样子的吗？

2. 封面提问

师：小朋友们，你们都看到了什么？熊的手里拿的东西是什么？接下来会发生什么样的事情呢？

3. 第一页提问

师：谁来了？这只熊长什么样？它想干什么？你是怎样看出来的？这只熊到底要做什么？

4. 第二页提问

师：小鸟是什么样子的？小老鼠现在在哪里？小兔子在干什么？它为什么要这样做？周围环境有什么变化呢？

5. 第三页提问

师：熊的表情是怎样的？它做了哪些动作？

6. 第四页提问

师：熊在干什么？它的表情又是怎样的？森林里发生了什么变化？

7. 第五、六页提问

师：小老鼠想干什么？小鼹鼠说了什么？小兔子兄弟同意它们的说法吗？

8. 第七、八页提问

师：小老鼠、小兔子兄弟怎么了？小鼹鼠为什么害怕了？大熊发现小老鼠们了吗？

9. 第九、十页提问

师：熊继续在干什么？小动物们为什么又高兴起来了？

10. 第十一、十二页提问

师：你喜欢这只熊吗？为什么？

## （四）活动延伸

请小朋友们回家和父母一起讲述故事，并模仿小动物的对话。

（执教者：胡丽莉）

## 语言活动：小熊种蜂蜜

### （一）活动目标

1. 初步理解故事内容,感知小熊的热情、勇敢、探索等形象特征

2. 丰富词汇和有关植物的知识,大胆表达自己的看法

3. 愿意与同伴相互合作,共同表演

### （二）活动准备

故事《小熊种蜂蜜》PPT。

### （三）活动过程

1. 出示 PPT

让幼儿看图片尝试说一说：故事里有谁,在干什么？

2. 讲述故事,初步了解故事内容

（1）老师有表情地讲述故事。（将故事讲到："大家都非常愿意,因为那香甜的蜜酒实在太诱人了！没吃过的东西,大家当然要尝一尝喽！"）

（2）根据故事内容提出相应的问题：小熊吃完一罐蜂蜜后,它做了什么？小熊种了蜂蜜后是怎么想的？其他小熊笑话它时,它又是怎么做的,小熊看到蜂蜜没有长出来是怎么想的,又是怎样做的？

（3）启发幼儿想象故事的结尾,大胆讲述自己的想法。

师：小熊的蜂蜜地里一罐蜂蜜都没有长出来吗？为什么呢？

3. 引导幼儿用自己的语言来描述小熊

师：故事中的小熊是个怎样的孩子？你喜欢小熊吗？为什么？（傻小熊不知道蜂蜜不是种出来的,有些东西埋在地里是不会发芽的,但它勤劳、热情、勇于探索,我们要向它学习）

### （四）活动延伸

结合经验和父母一起说说哪些东西是可以种的。（土豆、番薯、洋葱、花生……）

（执教者：钟演虹）

## 健康活动：甜甜的蜂蜜水

### （一）活动目标

1. 了解喝蜂蜜水的好处，感知蜂蜜是甜的

2. 会调制蜂蜜水，掌握搅拌的方法

3. 体验自制蜂蜜水的乐趣，喜欢喝蜂蜜水

### （二）活动准备

（1）物质准备：1瓶蜂蜜，调羹，温水，杯子，PPT（内含"蜂蜜对人体好处"的图片）。

（2）经验准备：幼儿观察过小蜜蜂采花蜜。

### （三）活动过程

1. 出示一瓶蜂蜜，谈话导入

师：小朋友，你知道这是什么吗？（蜂蜜）

师：它是什么颜色，什么味道的呢？

2. 尝试调制蜂蜜水，品尝并感知蜂蜜的味道

（1）教师示范蜂蜜水的调制过程。

师：我们往杯子里加入大半杯温水，然后舀一小勺蜂蜜到杯子里，再用调羹轻轻搅拌，让蜂蜜完全溶解在水里。

（2）幼儿尝试调制蜂蜜水。

师：杯子里的温水不要太满，搅拌时小调羹要沿着杯子轻轻地转圈，就像跳圆圈舞一样。

（3）幼儿品尝蜂蜜水，感知蜂蜜水是甜的。

师：为什么要用温水，而不用热水来调制蜂蜜水呢？（水的温度太高，可能会破坏蜂蜜的营养成分）

3. 观看PPT，了解蜂蜜对人体的好处

师：小朋友，你们在家喝过蜂蜜水吗？你们知道蜂蜜对人体有哪些好处吗？

小结：蜂蜜含有人体所需的多种营养物质，它有润肠润肺等保健功能，小朋友咳嗽或拉不出便便时也可以冲一杯蜂蜜水喝。

### （四）活动延伸

亲子烹饪：家长和孩子在家一起制作蜂蜜柠檬水。

（执教者：刘少媚）

## 社会活动：半瓶蜂蜜

### （一）活动目标

1. 理解故事内容，尝试复述故事情节
2. 尝试与同伴合作进行表演，体验故事中角色的个性品质
3. 懂得关心同伴，学会为他人着想

### （二）活动准备

（1）物质准备：《半瓶蜂蜜》PPT，自制小动物头饰，超市场景，鱼、桃子、竹子等物品。

（2）经验准备：幼儿已学过《半瓶蜂蜜》的故事。

### （三）活动过程

1. 谈话导入

师：小朋友们，我们学过《半瓶蜂蜜》的故事，你们还记得故事里说了什么吗？

2. 播放PPT，回忆故事内容，重点复习人物的对话

3. 教师旁白，幼儿进行角色表演

（1）幼儿自选角色。

师：我们现在来试试表演《半瓶蜂蜜》的故事，谁愿意来做小熊嘟嘟？谁来当小猫咪咪、小猴淘淘、熊猫欢欢？

（2）老师念旁白，幼儿戴上头饰进行表演。

（3）请另外1—2组幼儿进行表演。

（4）拓展故事情节，丰富表演内容，进行1—2次表演。

师：你还知道其他的小动物喜欢吃什么食物吗？小狗喜欢吃什么？小猴子喜欢吃什么？小兔子喜欢吃什么？小牛喜欢吃什么？如果嘟嘟熊去超市见到这些好朋友爱吃的东西，它会怎么做？

4. 小结故事

师：如果小熊嘟嘟的钱都花完了，一点蜂蜜都买不到了，你觉得它的好朋友会怎么做？（同伴间要互相关心，互相帮助，乐意分享）

师：如果你的好朋友遇到困难，你会怎么做？

### （四）活动延伸

把小动物头饰投放到表演区，供幼儿自主选择进行表演。

（执教者：王琪）

## 科学活动：蜂蜜是怎么来的

### （一）活动目标

1. 初步了解蜜蜂的生活习性，知道蜂蜜是由蜜蜂酿制的

2. 尝试操作图片，熟练掌握蜂蜜酿制的过程

3. 懂得勤劳是美德，具有热爱劳动、乐意分享的美好品质

### （二）活动准备

有关蜜蜂生活习性及蜂蜜酿制过程的视频，蜂蜜酿制流程图片。

### （三）活动过程

1. 猜谜语导入

师：小朋友，我今天要给大家介绍一个小动物："一路欢歌嗡嗡嗡，飞来飞去花丛中，别人甜蜜它辛苦，团结合作爱劳动。"你们猜猜它是谁？（蜜蜂）

2. 观看视频，了解蜜蜂的生活习性

师：蜜蜂生活在哪里？它为什么喜欢鲜艳的花朵？它飞到花丛中做什么呢？蜜蜂王国里有哪些家庭成员？它们各自负责什么？

小结：蜜蜂喜欢一整个大家庭一起生活在蜂巢里，蜜蜂王国里有蜂王、雄蜂、工蜂。蜂王专门负责生宝宝，雄蜂负责和蜂王交配，工蜂负责采花蜜、花粉，还要负责守卫蜂巢。

3. 观看视频，了解蜂蜜酿制的过程

师：蜜蜂从花丛中采到花粉后会把花粉带到哪里？（蜂巢）

师：蜜蜂的家是怎么样的？（六边形的家）

师：蜂蜜是怎样酿制出来的？

小结：蜜蜂酿蜜过程很复杂，白天蜜蜂把采来的花朵甜汁吐到蜂巢中，晚上再把甜汁吸到自己胃里调制，然后吐出来，再吸进去，这样来回吞吐100多次，最后才能酿成香甜的蜂蜜。

4. 幼儿操作蜂蜜酿制流程图，讲述蜂蜜酿制的过程

（1）幼儿按顺序排列图片。

师：老师给你们每人准备了一套小图片，请将图片按蜂蜜酿制的顺序排好。

（2）幼儿两两互相检验排列顺序是否正确。

（3）请幼儿分享自己的排列顺序，并讲述蜂蜜酿制的过程。

5. 小结与升华

师：我们能吃到甜甜的蜂蜜，要谢谢勤劳的小蜜蜂。在生活中，我们也要做一个热爱劳动、懂得感恩的人。

### （四）活动延伸

请家长协助幼儿收集蜂蜜制品的相关资料，回园进行分享。

（执教者：王琪）

## 数学活动：勤劳的小蜜蜂

### （一）活动目标

1. 观察并感知物品排序的规律

2. 能按 ABAB、AABB、ABC 等规律对物体进行排列，乐意交流操作过程

3. 乐意寻找并发现生活中有规律的事物，感知数学在生活中的用途

### （二）活动准备

歌曲《蜜蜂做工》，播放器，一筐雪花片玩具，PPT（有规律排列的物体图片）。

### （三）活动过程

1. 游戏导入

播放歌曲《蜜蜂做工》，幼儿扮演小蜜蜂，飞到花园里采花蜜（提前把雪花片玩

具放在地上）。

师：小蜜蜂们，今天跟着蜜蜂妈妈一起去花园里采花蜜吧，请把你采到的花蜜放进小桶里。

2. 教师示范 ABAB 的排序方式，引导幼儿总结排序规律

师：你们的花蜜是什么颜色的？

师：我们采了那么多花蜜，为了整齐又好看，我想出了一个好办法。请你仔细看看我是怎样排列的。

师：谁来说说看，我的花蜜是怎样排列的？有什么规律呢？

师：原来我是按"一个红，一个黄，一个红，一个黄"来排列的，它的规律就是"红—黄—红—黄"，不停地重复。如果还有更多的红色和黄色雪花片，你会用这样的方式继续往下排列吗？

3. 教师展示 AABB、ABC 的排序方式，引导幼儿观察并发现规律

师：请看看，我的花蜜现在又是怎样排列的，请说说看我的规律是什么。你能帮我继续往下排列吗？

4. 幼儿操作，分享交流，教师巡视指导

师：小朋友，你们也试一试将花蜜按自己喜欢的一种方式排列好，并跟旁边的小朋友说一说你是按什么规律来排列的。

5. 拓展思考

师：还有没有小朋友有更特别的排列方式？你愿意跟大家分享吗？（如：ABCC、ABBC 等）

师：在我们生活中，你发现哪些地方有这些有趣的规律呢？（展示 PPT 图片，如：衣服上的条纹、毛巾上的色块等）

（执教者：钟演虹）

## 音乐活动：蜜蜂做工

### （一）活动目标

1. 感受音乐欢快的节奏，感知小蜜蜂勤劳的形象

2. 初步学唱歌曲,模仿小蜜蜂飞的动作进行游戏

3. 体验和同伴一起游戏的快乐,萌发对小蜜蜂的喜爱之情

### (二)活动准备

(1)物质准备:歌曲《蜜蜂做工》,U盘,播放器,与歌词相匹配的图片,黑板,小蜜蜂头饰若干,5盆小花,小塑料桶人手1个,钢琴。

(2)经验准备:幼儿观察过小蜜蜂采花蜜,玩过小蜜蜂采花蜜的游戏。

### (三)活动过程

1. 教师带着蜜蜂头饰,创设花园情境导入活动

师:小朋友,我是蜜蜂妈妈,今天要带着我的小蜜蜂们到花园里玩游戏。我们玩游戏时,会唱着属于我们蜜蜂的歌。

2. 熟悉旋律,理解歌词

(1)第一遍播放歌曲,帮助幼儿感受旋律,感知歌词内容。

师:请你仔细地听,听完说说看你听到了什么?

师:小蜜蜂发出的声音是怎样的? 它在干什么? 它说了些什么?(根据幼儿述说的内容在黑板上贴出相应的图片)

(2)第二遍播放歌曲,提示幼儿边听边根据图片记忆歌词顺序。

(3)第三遍播放歌曲,引导幼儿用"啦"字哼唱旋律。

(4)教师用钢琴伴奏,引导幼儿学唱歌曲2—3遍。

3. 游戏:小蜜蜂采蜜

(1)教师示范小蜜蜂采蜜动作。

师:小蜜蜂轻轻地飞在花园里,飞得很高(踮起脚尖),你们也能变成小蜜蜂跟我一起飞吗?

(2)播放音乐,幼儿和教师一起模仿小蜜蜂采花蜜。

(3)合作表演。

一半幼儿扮演花朵围成花园(圆圈),一半幼儿扮演蜜蜂提着小桶到花园采蜜做工;交换角色再次表演。

4. 小结与升华

师:你们喜欢小蜜蜂吗? 为什么? 我们也要像小蜜蜂一样勤劳,自己的事情自己做,还可以多帮助爸爸妈妈干活。

## （四）活动延伸

区域活动：将蜜蜂头饰投放在表演区供幼儿表演。

（执教者：刘少媚）

## 美术活动：小蜜蜂

### （一）活动目标

1. 感受粘贴画的特点

2. 尝试选择和使用各种粘贴材料装饰小蜜蜂

3. 乐于动手操作，发展手眼协调能力

### （二）活动准备

小蜜蜂视频；蛋托（用来做小蜜蜂的身体）、油画棒、毛绒条、糨糊、擦手巾等。

### （三）活动过程

1. 观看一段小蜜蜂的视频导入活动

师：小蜜蜂穿着漂亮的衣服，辛勤地采花蜜，它们非常爱劳动。

2. 教师示范装饰小蜜蜂的方法

（1）师：刚才有只小蜜蜂告诉我，它不小心把衣服弄脏了，可它又要去参加舞会，小朋友能帮它穿上漂亮的衣服吗？

（2）教师边示范边讲解：先用油画棒给小蜜蜂的身体涂上颜色，然后给它穿上腰带、粘上眼睛，再将小蜜蜂的翅膀、绒毛衣、刺针粘贴好。

3. 幼儿操作，教师指导，鼓励幼儿大胆尝试设计不同的蜜蜂造型和衣服款式

4. 分享评价

师：说说你的小蜜蜂是怎样装饰的。你最喜欢哪个小蜜蜂？

5. 结束

师：小蜜蜂都穿上了漂亮的新衣服，它们高高兴兴地去参加舞会了，谢谢所有热心帮忙的小朋友！

（执教者：王琪）

## 烹饪活动：蜂蜜蛋奶小馒头

### （一）活动目标

1. 认识烤箱，了解烤箱的作用
2. 掌握制作蜂蜜蛋奶小馒头的方法
3. 喜欢参加烹饪活动，乐意与同伴合作、分享

### （二）活动准备

（1）食材：马铃薯淀粉 140 克、低筋面粉 20 克、奶粉 25 克、糖粉 35 克、泡打粉 1 勺、鸡蛋 1 个、蜂蜜 1 小勺、黄油 40 克。

（2）工具：打蛋器、电子秤、筛子、搅拌盆、刮刀等。

### （三）活动过程

1. 引导幼儿认识食材和工具

师：宝贝们，你们喜欢吃蛋奶小馒头吗？加入了蜂蜜的蛋奶小馒头更香更可口。

2. 教师介绍制作蜂蜜蛋奶小馒头所需要的食材和制作方法

3. 幼儿动手操作，教师指导，鼓励幼儿独立完成制作过程

（1）思蕴小朋友将食材中所有粉类混合筛入盆中。思蕴操作时非常小心，怕面粉等撒落，她慢慢倒入盆中，用筛子过筛。

（2）接着，振豪准备打鸡蛋。老师提醒他要将蛋黄和蛋液分离，这个步骤难，但是振豪不紧不慢地做到了。他将蛋黄和蛋液分离后，在蛋黄里加入 1 小勺蜂蜜均匀搅拌。

（3）淘淘将分离后的蛋液加入面粉碗中，接着加入已溶化的黄油。

（4）老师帮忙将混合好的食材拌匀后揉成光滑均匀的面团。孩子们看着老师用力揉面团说："王老师，你是大力士！"

（5）教师将面团分成一个个小面团，每个孩子取一小块面团，搓成一指粗左右的均匀长条。教师用刮刀将长条均匀切成一小团一小团，孩子们用掌心将小面团搓成小圆球，整齐地码放在烤盘上（注意中间要留出一定的距离）。

（6）烤箱预热至 175℃，将烤盘放于中层，用上下火烤 8 分钟左右。关火后不

要开盖,等5—10分钟后取出晾凉。

4. 分享劳动成果,交流制作经验

图1-5  孩子们揉面团

(执教者:王琪)

## 烹饪活动:蜂蜜蓝莓山药泥

### (一)活动目标

1. 认识食材和工具,了解简单的用餐礼仪

2. 掌握制作蜂蜜蓝莓山药泥的方法

3. 体验自制食物的乐趣

### (二)活动准备

(1) 食材:山药500克、牛奶10克、食用盐5克、蓝莓酱100克、蜂蜜100克。

(2) 工具:碗、料理盆、一次性手套、勺子、碟子、围裙等。

### (三)活动过程

1. 引导幼儿认识食材

师:小朋友们,看看今天老师为你们准备了什么食材?我们可以用这些食材来做什么呢?

2. 教师向幼儿展示制作蜂蜜蓝莓山药泥的方法

第一步,山药洗净去皮。教师在给山药去皮时戴上了手套,孩子们问为什么要戴手套,老师告诉孩子们:因为山药皮和山药的黏液会引起手痒。

第二步,处理好的山药切小段,放在蒸锅中,隔水蒸熟。

第三步,用勺子把山药压成泥,在山药泥中加 5 克盐,再加入 100 克蜂蜜和 10 克牛奶,搅拌均匀。

第四步,把山药泥团成山药球或其他形态,在上面淋上蓝莓酱即可。

3. 幼儿动手操作,教师在旁指导,鼓励幼儿大胆动手制作

4. 分享劳动成果,提醒幼儿注意进餐礼仪

5. 延伸活动

提供食材,供幼儿在烹饪区中自主操作;幼儿讲述操作过程,家长协助孩子制作烹饪小书。

（执教者:胡丽莉）

## 烹饪活动:蜂蜜纸杯蛋糕

### (一)活动目标

1. 认识制作蜂蜜纸杯蛋糕的食材和工具

2. 初步掌握制作蜂蜜纸杯蛋糕的方法

3. 喜欢参加烹饪活动,体验制作与分享的乐趣

### (二)活动准备

(1)食材:高筋面粉 150 克、细砂糖 130 克、蜂蜜 55 克、鲜牛奶 35 克、鸡蛋 6 个。

(2)工具:电动打蛋器、烤箱、电子秤、手动打蛋器、料理盆、纸杯、刮刀等。

### (三)活动过程

1. 引导幼儿认识食材和工具

师:小朋友,你们吃过哪些蜂蜜做的食物? 吃过蜂蜜纸杯蛋糕吗? 知道蜂蜜

纸杯蛋糕是怎样做的吗？

2. 教师示范制作蜂蜜纸杯蛋糕的方法

3. 幼儿动手操作，教师在旁指导

（1）锋锋把蜂蜜倒入牛奶中，非常小心，生怕蜂蜜洒出来。

（2）耀耀拿起刮刀顺着一个方向慢慢搅拌蜂蜜和牛奶。

（3）接下来要打发牛奶和蜂蜜，镓晴在老师的帮助下拿着电动打蛋器顺着一个方向均匀地搅拌牛奶和蜂蜜混合物。

（4）泽霖将鸡蛋打入料理盆，然后加入高筋面粉。

（5）琦琦将以上混合物搅拌均匀，然后在老师的协助下用打蛋器将其打发。琦琦说打蛋器很好玩，很神奇，可以打出很多泡泡。

（6）将打发好的食材均匀地挤入纸杯中。

（7）将纸杯蛋糕放入托盘并送进烤箱，温度设置为 160℃，烘烤 20 分钟。

4. 师幼分享劳动成果，交流制作体验

图 1-6　幼儿正在准备蛋液

图 1-7　幼儿正在搅拌

（执教者：王琪）

## 六　资源共享

家长协助幼儿收集有关蜜蜂的图片和绘本带回园分享；家长配合提供主题烹饪的食材；家长参与查找资料、带领幼儿参观养蜂场等，协助幼儿做好记录。

主题绘本资源：《别碰我的蜂蜜》《小熊种蜂蜜》《神奇的蜂蜜罐》《爱是一捧浓浓的蜂蜜》。

## 七　课程赋能

这是一些关于"分享"的绘本故事，绘本中涉及的"蜂蜜"是我们生活中常见的食材，孩子们非常熟悉。主题内容能够与幼儿园五大领域结合，契合小班幼儿的年龄特征和发展水平。家长协助孩子收集了很多与蜜蜂、蜂蜜相关的资料，带领孩子到超市或市场完成调查实践，积极参与主题的相关活动，大力推动了主题的进程。在主题活动中，师幼还共同制作了蜂蜜柠檬茶、蜂蜜柚子茶、蜂蜜火腿三明治、蜂蜜蓝莓山药泥、蜂蜜纸杯蛋糕、蜂蜜蛋奶小馒头等美味的食物。在活动中，孩子的动手能力、交往能力、语言表达能力都得到了提高，社会性得到发展。

# 设计 2

# 饭团弟弟我爱你

## 一　主题聚焦

小班的孩子刚入园，很多都存在挑食现象。孩子们不知道日常吃的"饭"是从哪里来的，用餐时饭粒掉得满地都是。为了激发孩子对食物的兴趣，老师有意识地引领孩子一起阅读《饭团弟弟我爱你》《小饭团，滚一滚》《饭团子咕噜咕噜》等绘本，带领孩子走进田野观察水稻的生长，体验农民伯伯种田的艰辛；在丰富孩子生活经验的基础上，和孩子一起开展番茄饭、蛋包饭、土豆饭、多味饭团等多种多样的烹饪活动，满足孩子味蕾的体验，和孩子一同走进美食的世界。在这个过程中，也对孩子进行餐桌礼仪渗透，使孩子建立进餐的规则，改善孩子挑食的现象，帮助幼儿建立健康饮食的概念。

## 二　活动目标

### （一）健康

喜欢吃五谷杂粮，瓜果、蔬菜等新鲜食物，不偏食、不挑食；初步了解米做的美食及其营养价值，建立健康饮食的概念；练习翻滚、跳跃等动作，提高身体的协调性、灵敏性；情绪比较稳定，很少因一点小事哭闹不止。

### （二）语言

愿意表达自己的想法，在集体面前敢于发言；喜欢听故事，能初步理解故事情节；对阅读感兴趣，喜欢翻阅绘本，能理解图书上的文字和画面是对应的。

### （三）社会

了解进餐礼仪，进餐时能遵守基本的礼仪；愿意与同伴接触，喜欢上幼儿园。

### （四）科学

了解稻谷的种植、生长过程，对米产生探究的兴趣；认识几种常见的米及米食制品，感受米的多样性；了解米的营养价值；会按物体的某一特征进行归类，尝试按大小和颜色进行二维分类。

### （五）艺术

能模仿学唱短小歌曲，尝试创编简单的歌词；愿意参与集体游戏，体验音乐游戏的乐趣；认识三原色，感受色彩的丰富性，能够大胆用色进行涂鸦。

## 三　概念图谱

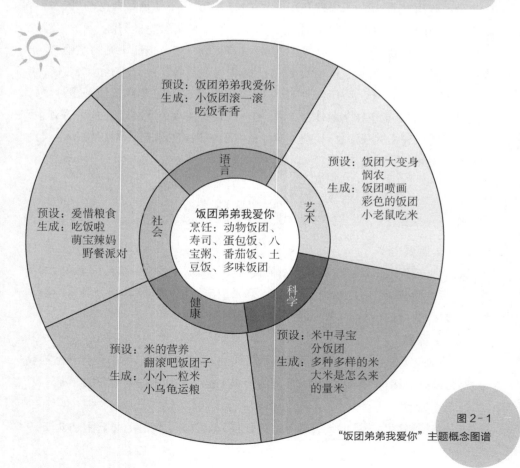

图2-1
"饭团弟弟我爱你"主题概念图谱

# 四　环境创设

## （一）活动室环境

图2-2
活动室一角

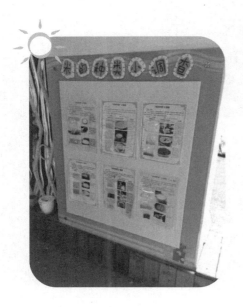

图2-3
活动室一角

### （二）区域环境

#### 1. 语言区

增添关于饭团、炒饭等米类食品的书籍，让幼儿了解更多关于米的故事，引发对米的好奇心。提供与主题相关的教玩具、亲子自制绘本等。

#### 2. 烹饪区

提供大米、小米、寿司帘等烹饪食材和工具；提供制作蛋包饭、饭团等美食的流程图。

图 2-4
烹饪区一角

#### 3. 娃娃家

用超轻黏土制作饭团、寿司等投放至娃娃家。

#### 4. 表演区

提供《悯农》《蛋炒饭》等与主题相关的歌曲。

**5. 日常生活区**

投放与主题有关的教具,锻炼幼儿的手部精细动作和手眼协调能力。

**6. 数学区**

制作相关教具,帮助幼儿学习按颜色、形状分类,进行1—5数字与数量的对应等。

图2-5
数学区一角

## 五 活动设计

### 语言活动:饭团弟弟我爱你

**(一)活动目标**

1. 阅读绘本故事,理解故事情节

2. 仔细观察画面,能说出故事内容,准确发出"梅子""鲑鱼""干鲣鱼"等字音

3. 根据故事进行简单的角色表演,享受表演的乐趣

### （二）活动准备

绘本《饭团弟弟我爱你》，绘本 PPT，表演头饰。

### （三）活动过程

1. 谈话引入

师：小朋友，今天米饭宝宝要带我们去旅行哟，让我们一起去看看米饭宝宝都经历了一些什么有趣的事情吧！

2. 翻阅绘本，教师讲故事

3. 教师提问，帮助幼儿理解故事内容

师：饭团吃了哪些东西？（梅子、鲑鱼、干鲣鱼）它们穿上了什么颜色的衣服？请你说说看，它们现在变成了什么。

4. 播放绘本 PPT，请幼儿讲述故事内容

5. 尝试分角色进行故事表演

（执教者：张舒维）

## 健康活动：小小一粒米

### （一）活动目标

1. 知道大米可以做成各种美食，米还具有清洁、护发等多种作用

2. 学习淘米，尝试用淘米水浇花

3. 感知米的多种用途，乐意吃米类食物

### （二）活动准备

（1）物质准备：神秘袋，一小把米，米类食物的图片做成的 PPT，关于米的用途的视频，电饭锅，小盆，漏斗，喷壶。

（2）事先与厨房工作人员联系好，留下一些米给小朋友用来练习淘米，淘好后再送回厨房。

### （三）活动过程

1. 神秘袋游戏

师：我今天带来一个神秘袋，请小朋友摸摸看，猜猜里面装着什么。（大米）

2. 讨论并分享米做的美食

（1）讨论。

师：大米有哪几种？大米可以用来做成哪些好吃的东西？

（2）播放 PPT，帮助幼儿拓展米类食物的相关经验。

小结：大米分成籼米、粳米和糯米几种。它们可以用来做成香喷喷的米饭、粥，还能做成粽子、米糕、糯米糍、灰水粑、艾草粿、烫皮，酿成米酒，等等。

3. 了解米的多种用途

（1）幼儿根据自身的生活经验，自由讲述米的用途。

师：米除了做成美食，还可以用来做什么呢？

（2）分段播放视频，引导幼儿了解米的用途。

师：淘米水中含有营养成分，可用来浇花。

师：米中有一种营养物质能起到美容的作用，可提取出来用于制作化妆品。

师：部分人会把淘米水储存下来，发酵后用来做洗发水，能让我们的头发变得更乌黑、更健康。

小结：大米除了可以做成各式各样的美食，在我们生活中的用途也不少。

4. 学习淘米

（1）创设情境，激发幼儿淘米的兴趣。

师：你们在家见过爸爸妈妈淘米吗？你们知道怎样才能把米淘干净吗？

师：厨房的叔叔阿姨今天忙不过来，想请我们帮个忙，让我们把米淘干净再送回厨房去。你们愿不愿意帮忙呀？

（2）请幼儿尝试淘米，总结出淘米的方法。

小结：先在电饭锅里放适量的水，用小手把米搓一搓，再小心地把水倒出来。一般淘 2—3 次，水渐渐变清透，就说明已经淘好了。

5. 用淘米水浇花

（1）将淘米水倒进小盆。

（2）幼儿分成小组，将小盆中的淘米水倒入喷壶，再到班级植物角浇花。

（执教者：钟晓琳）

## 体育活动：小乌龟运粮

### （一）活动目标

1. 能理解并遵守游戏规则

2. 探索多种爬的方法，爬行中能绕过障碍物

3. 乐意参与游戏，具有勇敢、不怕困难的品质

### （二）活动准备

泡沫垫 20 张，沙包 2 筐，空篮子 2 个，彩色砖块若干块，欢快的歌曲，播放器。

### （三）活动过程

1. 热身运动，导入活动

师：小乌龟们，今天天气真好，我们来做运动吧！点点头，叉叉腰，扭扭屁股，转转转；点点头，叉叉腰，扭扭屁股，跑一跑；点点头，叉叉腰，扭扭屁股，转膝盖；点点头，叉叉腰，扭扭屁股，跳跳跳。

2. 小乌龟学本领

师：宝宝们，你们都长大了，很快就要离开妈妈独立生活。在离开妈妈之前，你们要学会一些本领。假如前面有山坡，你们能快速爬过去吗？试一试怎样爬可以最快通过山坡。

（1）幼儿自由探索各种爬的方法。

（2）幼儿分享交流爬的方法。（膝盖着地爬、手脚着地爬、后退爬等）

师：说说看，你刚才是怎么爬的？给大家展示一下好吗？

师：还有没有不一样的方法？谁来分享一下？

（3）幼儿尝试不同的爬法（2—3 次）。

师：请用你刚才学到的方法，再试一试能不能快速通过山坡。

3. 游戏：雨中运粮

师：宝宝们，大雨就要来临了，我们的粮食还在山顶的仓库里，我们必须马上把粮食运回家，不然粮食就会被大雨冲走。

（1）第一次运粮。

师：到达山顶只有 2 条小路，我们要用最快的方法爬到山顶，取到粮食再跑回来。为了保证下山安全，每次只能取 1 袋粮食。

（2）第二次运粮。

师：雨越来越大，把很多树枝都刮到地上了。我们爬上山时一定要绕过树枝，不要被绊倒了。

4. 放松运动，分享与小结

师：宝宝们，你们顶住风雨，不怕困难，把粮食都运回了家，真是太棒了！天快黑了，我们放松身体，好好休息一下吧！

（执教者：张舒维）

## 社会活动：爱惜粮食

### （一）活动目标

1. 学习古诗《悯农》，懂得古诗的含义

2. 了解农民耕种粮食的辛苦，尝试根据图片进行简单的讲述

3. 对劳动人民有热爱之情，懂得珍惜他人的劳动成果

### （二）活动准备

幼儿剩饭视频；农民种粮、饥饿儿童的 PPT、图片。

### （三）活动过程

1. 学习古诗《悯农》，理解古诗含义

2. 播放 PPT、图片，引导幼儿了解粮食是怎样来的

3. 谈话讨论

（1）让幼儿观看幼儿剩饭的视频，然后讨论：小朋友挑食、剩饭对不对，为什么？

（2）师幼小结：粮食浪费了很可惜，要改正挑食剩饭的坏习惯。

4. 观看饥饿儿童的图片，激发幼儿同情饥饿儿童的情感，进一步理解节约粮食的重要意义

（执教者：张舒维）

## 科学活动：多种多样的米

### （一）活动目标

1. 了解各种米的外形特征

2. 了解米的类型，比较大米、小米、黑米、糯米的异同

3. 体验探索的乐趣，懂得粮食来之不易

### （二）活动准备

5 种不同的米各装在透明塑料瓶中；PPT 课件。

### （三）活动过程

1. 观察塑料瓶中的粮食

（1）师：小朋友，你们认识这些东西吗？瓶子里的米都是一样的吗？

（2）师：猜一猜，我们每天吃的米饭是哪一种？你们知道其他米的名字吗？这些米有什么不一样？（请幼儿看一看、捏一捏、闻一闻、比一比）

2. 认识大米能做出的美食

师：大米可以做哪些美食？（寿司、米线、米团子、米糊、蛋炒饭等）

3. 观看 PPT 中的图片，了解米饭是怎么来的

师：我们每天都要吃饭，你知道我们吃的米饭是怎么来的吗？你看过农民伯伯种地吗？

4. 打乱 PPT 中的图片的顺序，请幼儿重新排列，讲述米饭产生的过程

5. 师幼小结

从春种到秋收，农民伯伯进行了许多的工作，他们顶着火辣辣的太阳给禾苗施肥、浇水、灭虫、拔草，每天辛勤地劳动，最后才换来餐桌上的粮食。每一粒粮食都来之不易，所以我们吃饭要把碗里的饭菜都吃干净，做一个不浪费粮食的好宝宝。

（执教者：钟晓琳）

## 数学活动：分饭团

### （一）活动目标

1. 在按物体某一特征归类的基础上,尝试按大小、颜色进行二维分类

2. 愿意动手操作,大胆表达和分享操作过程

3. 在游戏中体验数学活动的趣味性,感受数学在生活中的作用

### （二）活动准备

（1）材料准备：篮子 2 只（贴有红色大米老鼠、蓝色小米老鼠图片）,大的、小的红、蓝纸片若干。

（2）经验准备：幼儿已有按大小分类的经验。

### （三）活动过程

1. 引入

师：大米老鼠、小米老鼠今天来做客,我们请客人吃什么呢?（饭团）

2. 循序渐进引导幼儿学习按照大小和颜色进行分类

（1）复习已有经验：按照大小进行分类。

师：大米老鼠喜欢吃大饭团,小米老鼠喜欢吃小饭团,请想一想你的大饭团应该送给谁,小饭团应该送给谁。

指导重点：引导幼儿区分"大"和"小"。

（2）学习按颜色进行分类。

师：红米老鼠喜欢吃红饭团,蓝米老鼠喜欢吃蓝饭团,请想一想你的红饭团应该送给谁,蓝饭团应该送给谁。

指导重点：引导幼儿区分"红色"和"蓝色"。

（3）学习按颜色和大小进行分类。

师：红色大米老鼠喜欢吃红色大饭团,蓝色小米老鼠喜欢吃蓝色小饭团,请你把红色大饭团送给大米老鼠,把蓝色小饭团送给小米老鼠。

指导重点：引导幼儿区分"红色大饭团"和"蓝色小饭团"。

3. 集体验证结果，帮助幼儿进行小结归纳

（执教者：房丽娜）

## 美术活动：彩色的饭团

### （一）活动目标

1. 学习由内到外一圈一圈画螺旋线，感知用曲线的轨迹表现各种形状的饭团
2. 能大胆运用多种色彩来表现饭团
3. 大胆用色，感受涂鸦的乐趣

### （二）活动准备

三角形、圆形、正方形小卡片各若干，水粉颜料，黑色卡纸，糨糊，棉签。

### （三）活动过程

1. 谈话导入，引导幼儿回忆饭团的形状
2. 协助幼儿绕圈

借助儿歌帮助幼儿理解、掌握由内向外一圈圈画螺旋线，引导幼儿做一圈圈往外绕的动作。

（1）师：绕饭团、绕饭团，一圈一圈往外绕，越绕越大，越绕越大，香香的饭团绕好啦。

（2）幼儿边念儿歌边空手练习。

3. 教师示范，引导幼儿观察饭团的不同形状和颜色搭配

4. 教师示范，引导幼儿实践

教师边念儿歌边示范画饭团，引导幼儿选择不同形状的小卡片作为饭团的中心粘贴到黑色卡纸上，并围绕中心形状用不同颜色一圈一圈往外绕。

5. 幼儿操作，教师巡回指导

引导幼儿在饭团旁边添上许多彩色的小饭粒，鼓励幼儿边绕边念儿歌，提醒幼儿一圈一圈往外绕。

6. 展览幼儿作品，欣赏评价

图2-6 幼儿正在添上小饭粒

（执教者：房丽娜）

## 综合活动：萌宝辣妈野餐派对

### （一）活动目标

1. 徒步到公园观赏梅花的颜色和形态，热爱大自然

2. 乐意动手制作手工，掌握搓捏、团圆等技能

3. 了解米类美食的多样性，愿意与他人分享，增进亲子、同伴感情

### （二）活动准备

每个家庭带各种米类美食，野餐垫，一次性餐具，纸碟，超轻黏土。

### （三）活动过程

1. 妈妈带领宝宝们按照路线徒步前往市民公园观赏梅花

师：梅花都有什么颜色？有几朵花瓣？是什么气味的？

2. 亲子手工制作梅花

（1）师幼共同总结梅花和梅树的形态和颜色，为手工制作做准备。

（2）分发纸碟和超轻黏土，开始亲子制作。

3. 分享美食，感受野餐的快乐

（1）师：米可以做成什么美食？你带来了什么美食？

（2）亲子野餐，鼓励孩子介绍自己带来的米类食物并分享给其他小朋友。

图 2-7　亲子野餐

（执教者：房丽娜）

## 烹饪活动：动物饭团

### （一）活动目标

1. 了解制作饭团所需要的食材和用具

2. 尝试用切、压、按、印等方式制作饭团，体验劳动和分享的乐趣

3. 愿意与同伴分享劳动成果，体验自我服务带来的乐趣和成就感

### （二）活动准备

（1）食材：蒸好的白米饭 250 克，胡萝卜 1 根，小黄瓜 1 根，寿司醋 1 瓶，沙拉酱 1 瓶，番茄酱 1 瓶，海苔 1 包。

（2）工具：海苔笑脸造型器 2 个，镊子 1 把，海豚、兔子饭团模具，几何蔬菜切 1 套，碟子，汤匙，水果刀，等等。

### （三）活动过程

1. 出示已经做好的动物饭团，引发兴趣

（1）师：这些小熊饭团、小猫饭团、海豚饭团是怎样做出来的呢？

有的孩子说是像超轻黏土一样捏出来的，有的孩子说是小动物变成的，大家好奇极了，纷纷说出了自己的猜想。

（2）引导幼儿了解制作动物饭团所需的食材和工具。

2. 师幼一同制作动物饭团.

（1）孩子们将小手洗干净后，取少量米饭放在自己的小碟子里，用力挤入适量沙拉酱，并用汤匙搅拌均匀。拌匀后，闻一闻，真香啊！

（2）将米饭放入模具中，压制成型。

孩子们一勺勺地将米饭紧紧地压入饭团模具中，在老师的帮助下，把模具倒扣在小盘子中。有的孩子害怕不能成型，又重重压了好几下。接着，孩子们小心翼翼地向上取出模具："老师，你看我的米饭变成小动物啦！"

（3）用笑脸造型器压出造型。将海苔放在笑脸造型器下方，双手向下按压出笑脸造型，然后用小镊子将笑脸放到模具上。

（4）幼儿在老师的协助下将小黄瓜和胡萝卜切成小片。

（5）将切好的小黄瓜和胡萝卜摆放到饭团周围做装饰。

3. 美味可口的动物饭团做好啦，我们一起分享吧

图2-8 动物饭团成品

（执教者：房丽娜）

## 烹饪活动：寿司

### （一）活动目标

1. 了解寿司文化，尝试制作寿司

2. 初步掌握平铺、卷压等烹饪技能

3. 乐意动手操作，感受分享的乐趣和劳动带来的满足感

### （二）活动准备

（1）食材：东北大米 1 500 克（提前蒸好）、寿司醋 1 瓶、紫菜 1 包、胡萝卜 2 根、黄瓜 2 根（提前切好条状）、火腿 2 包（提前切好条状）、肉松 1 包、番茄酱 1 瓶。

（2）工具：寿司帘、勺子、小刀。

### （三）活动过程

1. 谈话引入

师：小朋友，你们吃过寿司吗？你知道寿司是怎么做的吗？

师：一千八百多年前，寿司已经在中国沿海地方流传，后来传入日本，原先只是用盐腌制的咸鱼，后来改为米饭咸鱼，受到广泛的欢迎，这就是最早的寿司料理。

2. 讨论寿司的制作方法

师：你吃过寿司吗？你吃过哪些口味的寿司？你觉得寿司是怎样做的呢？

3. 教师出示做寿司的材料和工具，和幼儿一同制作寿司

（1）平铺紫菜，并将米饭铺满整张紫菜。

孩子们像铺被子一样，把一大张紫菜平整地铺在了寿司帘上。接着，在老师的提示下用勺子一勺一勺地将米饭放在紫菜上，慢慢推平铺满紫菜。"我给紫菜盖上了白白的被子！"

（2）在米饭上的中间位置放青瓜条、火腿条和肉松。

（3）将紫菜卷起，卷成筒状，并将寿司帘压紧。

（4）幼儿在老师协助下将紫菜卷切成小块。

4. 把寿司摆盘,将美味分享给老师和同伴

**(四)活动延伸**

提供食材,供幼儿在烹饪区中自主操作;举行"寿司摆盘大赛",分享最有创意的摆盘。

(执教者:钟晓琳)

## 烹饪活动:蛋包饭

**(一)活动目标**

1. 初步认识食材和烹饪工具

2. 尝试自己动手做蛋包饭,能简单说出制作的过程和方法

3. 乐于动手,具有热爱生活的情感

**(二)活动准备**

(1) 食材:鸡蛋 4 个、白芝麻 50 克、番茄酱 1 瓶、沙拉酱 1 瓶、肉松 1 瓶、寿司醋 1 瓶、玉米生粉 100 克、白米饭 500 克(煮熟)、油。

(2) 工具:塑料刀、煎蛋器、打蛋器、勺子、碗、碟子。

**(三)活动过程**

1. 讲《小小厨师》的故事,引入活动

(1) 师:小朋友,听完故事,你们想当小厨师吗? 今天我们的餐厅要供应蛋包饭,小厨师们会做吗?

(2) 讨论蛋包饭的做法。

2. 师幼共同制作蛋包饭

(1) 打鸡蛋液,并搅拌均匀。

(2) 100 克的玉米生粉兑冷水,倒入蛋液后充分搅拌。

(3) 在米饭内加入适量寿司醋、肉松、芝麻,拌匀备用。

(4) 用煎蛋器把鸡蛋煎成薄蛋饼,将米饭裹进蛋饼中,将蛋饼对折并在上面挤上番茄酱和沙拉酱。

3. 讲述蛋包饭的制作过程,分享美味的蛋包饭

图 2-9　幼儿制作蛋包饭　　　　　图 2-10　幼儿分享蛋包饭

（执教者：张舒维）

## 六　资源共享

　　家长协助孩子收集各种各样的米，协助孩子填写"米的种类"调查表，带领孩子走进田野观察水稻的生长。

　　主题绘本资源：《饭团弟弟我爱你》、"饭先生和菜小姐"系列、《米饭最棒了》《我们是开心的大米》《大米是怎么种出来的》《好多好吃的米饭》《爱心饭团》。

## 七　课程赋能

　　主题开展之初，家长带领孩子查找资料，完成了"米的种类"小调查。通过调查,孩子们了解到米不仅有每天在餐桌上的白米,还有小米、黑米、糙米、糯米等各种各样的米,且每一种米的营养和功效都是不同的。在阅读《饭团弟弟我爱你》、"饭先生和菜小姐"系列等绘本后,老师带领孩子们做了五彩饭团、蛋包饭、八宝粥等美食。"亲子甜蜜互动周"课堂上,家长还来园带领孩子们做美味无比的寿司。主题开展的过程中,孩子们的动手实践能力得到了提高,对餐桌礼仪也有了基本的了解。主题即将结束之际,亲子共同制作了幼儿自己的《饭团弟弟我爱你》绘本。孩子将故事娓娓道来,家长协助孩子通过添画、剪贴画等方式完成了小书的制作。还有些孩子将自己在幼儿园、在家制作米类美食的经历也编进自己的小书里。爱阅读、爱生活的美好情感在孩子的小小世界里正悄悄滋长。

# 第二章

# 大概念课程的脉络

大概念课程不是绝对概念，而是相对概念，包含着实质大概念和形式大概念。实质大概念主要是原理、理论或模型，形式大概念是与方法有关的技能与过程。一般来说，大概念课程是一种聚合性课程，内含多个小概念主题，它们相互联结共同构成"学习链"。

# 设计 3

# 魔法面粉

## 一 主题聚焦

"哇！魔法面粉好神奇啊！我也好想得到！""下次我过生日,我要让老师送我一袋魔法面粉,因为我最喜欢恐龙,我要让恐龙陪着我睡觉！"……老师循声看见几个小朋友围着《魔法面粉》聊得正起劲儿。"老师还会用面粉做饼呢！比本本更厉害!"孩子们听了更激动了:"那你带我们玩儿吧！我想做恐龙、我想做面条、我想做煎饼……"结合中班幼儿充满好奇心、喜欢自己动手的年龄特点,我们一起走进了"魔法面粉"世界。

## 二 活动目标

### (一)健康

知道营养要均衡,懂得饮食要规律,少吃零食,不偏食、挑食,不暴饮暴食;了解生活中用大米、面粉制作的食物;了解面食与人们生活的关系,了解几种常见面食的制作方法;对面食感兴趣,感知面食的多样性和丰富性;练习绕障碍物跑、跨跳、双脚跳等技能,发展身体力量和协调性。

### (二)语言

愿意与他人交谈,喜欢谈论自己感兴趣的话题;积累一定的词汇量,能较完整、连贯地讲述自己的经历和见闻;喜欢阅读绘本,能仔细观察画面,猜测故事情节的发展;尝试在大人的协助下制作绘本,乐意与他人分享故事内容。

### (三)社会

喜欢和同伴一起游戏,有经常一起玩的小伙伴;掌握简单的交往技巧,加入同伴游戏;乐于分享,乐意与同伴合作完成一件事情;愿意接受同伴的意见和建议;愿意与家长一起参加社区活动;懂得农民伯伯耕种的辛苦,养成珍惜粮食、爱惜粮食的好习惯。

### (四) 科学

喜欢接触面粉,运用多种感官感知面粉的干湿等特性;能利用面粉进行一些科学实验,具有初步的观察、比较、记录等能力,具有探究事物的好奇心;学习称量面粉,掌握电子秤的使用方法;学习使用烤箱,感知各种电器给生活带来的便利。

### (五) 艺术

乐意参与歌唱、律动、音乐游戏等,能初步分辨乐句;尝试用简单的肢体动作表现自己对音乐的理解;会用绘画、捏泥等多种方式表现事物的特征,具有想象力和创造力。

# 三　概念图谱

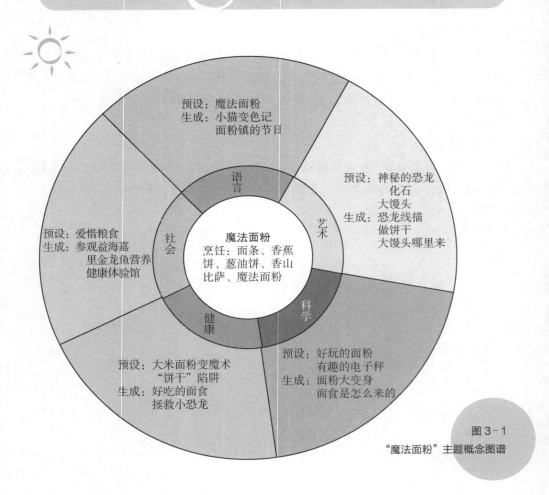

图中文字：

预设：魔法面粉
生成：小猫变色记
　　　面粉镇的节日

预设：神秘的恐龙
　　　化石
　　　大馒头
生成：恐龙线描
　　　做饼干
　　　大馒头哪里来

预设：爱惜粮食
生成：参观益海嘉
　　　里金龙鱼营养
　　　健康体验馆

语言

艺术

社会

魔法面粉
烹饪：面条、香蕉
饼、葱油饼、香山
比萨、魔法面粉

健康

科学

预设：大米面粉变魔术
　　　"饼干"陷阱
生成：好吃的面食
　　　拯救小恐龙

预设：好玩的面粉
　　　有趣的电子秤
生成：面粉大变身
　　　面食是怎么来的

图 3-1
"魔法面粉"主题概念图谱

## 四　环境创设

### （一）活动室环境

图 3-2
活动室一角

图 3-3
活动室一角

## （二）区域环境

### 1. 语言区

投放与面粉相关的书籍、亲子自制绘本等。

图3-4
语言区一角

### 2. 烹饪区

提供面条机、煎蛋器等烹饪工具及相关食材；提供葱油饼、香蕉饼、南瓜饼和法式薄饼等各类美食的菜单和制作流程图。

图3-5
烹饪区一角

### 3. 表演区

提供《大饼干》《大馒头》等与主题有关的歌曲以及服装、乐器、表演道具等。

### 4. 建构区

添置"万能工匠",供幼儿建构面食馆、面包店等。

### 5. 十字绣

提供绣十字绣的材料,让小朋友自主操作。

### 6. 日常操作区

教师自制点心类教具供幼儿自主选择操作。

## 五    活 动 设 计

### 语言活动:魔法面粉

#### (一)活动目标

1. 仔细观察绘本画面,体会角色的感受和心理变化过程
2. 用较连贯的语言大胆表述自己对画面的猜想
3. 具有想象力和创造力

#### (二)活动准备

绘本《魔法面粉》,故事录音。

#### (三)活动过程

1. 谈话导入

师:小朋友,你们都吃过包子吗?知道包子是用什么做的吗?今天老师带来一本书,是关于面粉的。

2. 出示《魔法面粉》绘本,介绍作者、插图作者、出版社

3. 播放故事录音,初步感知故事内容

4. 学习绘本,尝试用较连贯的语言表达画面内容

(1)第一页提问:本本送给皮特什么礼物?他为什么要送这个礼物给皮特?

（2）第二页提问：这个礼物遇到水变成了什么？皮特妈妈的表情是怎么样的？皮特呢？

（3）第三页提问：学校里面的小朋友听到皮特有这个神奇的礼物后，有什么反应？

（4）第四页提问：妈妈们看到恐龙后有什么反应？爸爸呢？看见恐龙，最开心的小朋友是谁？

（5）第五页提问：本本不告诉小朋友的秘密是什么？暴雨来了恐龙们都怎么了？

5. 结束活动

师：我们烹饪区也提供了面粉，接下来小朋友可以一起探索和感受更多面粉的魔法。

（执教者：胡丽莉）

## 语言活动：小猫变色记

### （一）活动目标

1. 在理解故事的基础上，大胆地参加故事表演

2. 模仿小猫和猫妈妈的语言、动作、表情，表现人物的性格特征

3. 合作布置游戏场景，体验游戏带来的快乐

### （二）活动准备

（1）物质准备：3套小猫的表演服，猫妈妈的头饰，白色丝巾，绿色丝巾，黑色丝巾，大桶2个。

（2）经验准备：幼儿学过故事《小猫变色记》。

### （三）活动过程

1. 谈话导入

师：小朋友，我们学过《小猫变色记》的故事，你们还记得吗？

2. 引导幼儿复述故事

（1）教师生动、有表情地向幼儿讲述故事，帮助幼儿回忆故事内容。

（2）请幼儿复述故事,提醒幼儿在讲述时要注意表情和语气。

3. 幼儿分成两组,合作完成场景布置

（1）幼儿分组讨论如何布置场景。

师:我们今天试一试将这个有趣的故事表演出来。这里有一些表演服和道具,你们分成两组,先讨论你们的布置方案。

（2）幼儿自主布置表演场景。

（3）幼儿介绍表演的场地、道具的使用方法及在表演中要注意的事项。

师:小朋友们布置得好认真啊! 请每组派一位小朋友来介绍一下你们是怎样布置的,在表演过程中要注意哪些事情。

4. 幼儿分组进行故事表演

师:现在我们分两组进行表演,你们商量好自己扮演哪个角色。在表演过程中,小演员不光要注意自己的语言,还要注意动作和表情。看看哪一组小朋友表演得最精彩!

5. 评价和小结

师:在刚刚表演的过程中,小朋友们都很认真、很投入,老师觉得你们表演得特别生动、有趣。你最喜欢谁的表演呢? 你觉得谁演得好,好在哪里? 如果换成是你,你会怎么演呢?

（执教者:胡丽莉）

## 体育活动:"饼干"陷阱

### （一）活动目标

1. 学习连续绕障碍物走、跑的动作

2. 掌握连续向前方、侧方双脚蹦跳的动作要领

3. 体验游戏的乐趣,初步具有自我保护意识

### （二）活动准备

（1）物质准备:班级人数的两倍以上的呼啦圈、接力棒,2个白色筐,地面上涂上黄色点,口哨。

（2）经验准备：已有连续跳圈的技巧。

### （三）活动过程

1. 准备运动

2. 创设情境，引导幼儿快速进入游戏情境

师：孩子们，谁最爱设置陷阱呀？对！就是大灰狼！今天它准备了好多"饼干"陷阱，要跟它的好朋友小熊开个玩笑。

（1）空地上每人站一个黄色点，教师请个别幼儿示范绕开"饼干"陷阱，成功到达对面后从两边跑回来。教师及时纠正幼儿的错误动作。

（2）幼儿分成两队练习：教师吹口哨发令，幼儿听到口令出发，在奔跑过程中注意避开其他幼儿。

（3）教师巡视，纠正错误动作，同时提醒幼儿注意安全。再次听到哨声则停止。

3. 游戏：帮助熊伯伯收"甘蔗"来当制作"饼干"用的糖

教师在终点投放"甘蔗"，幼儿听到哨声出发，绕开"饼干"陷阱，快速跑向终点拿起一根"甘蔗"，从陷阱两边跑回起点，放入白色筐中。游戏循环进行。

### （四）结束部分

幼儿收拾器材，集合做放松动作，师幼进行活动小结。

（执教者：刘少媚）

## 亲子社会活动：参观益海嘉里金龙鱼营养健康体验馆

### （一）活动目标

1. 了解食用油、米、面、杂粮、豆奶等产品的知识和加工工艺

2. 感知粮食的用途，体验亲子制作的乐趣

3. 知道每年的 10 月 16 日是世界粮食日，懂得节约粮食的重要性

### （二）活动准备

（1）医药箱，扩音器，谜语，班牌，横幅。

（2）老师和幼儿统一着装，幼儿准备好水壶。

（3）事先与益海嘉里金龙鱼营养健康体验馆相关工作人员取得联系。

（4）家长提前了解活动流程和注意事项。

### （三）活动过程

（1）乘车到达益海嘉里金龙鱼营养健康体验馆，集合并清点人数。

（2）讲解员带领大家参观先进的特种油加工生产线，讲解特种油加工工艺以及加工流程，帮助幼儿了解食用油、米面、杂粮、豆奶产品知识以及加工工艺。

（3）参观展览厅，了解粮油知识和生产的过程。

（4）亲子食品 DIY，让幼儿认识粮食的用途及制作过程。

（5）科普讲座，帮助幼儿感知营养均衡有益健康以及节约粮食的重要性。

（6）集合，清点人数后返回幼儿园。

### （四）活动延伸

（1）整理活动照片，展示活动过程，对全园家长和幼儿进行节粮爱粮教育。

（2）就参观内容组织幼儿进行讨论，引发幼儿深入探究面食的热情。

图 3-6  幼儿与家长正在参观体验馆　　　图 3-7  幼儿正在了解粮油知识

（执教者：胡丽莉）

## 科学活动：面粉大变身

### （一）活动目标

1. 认识面粉，了解面粉加水变面团的特性

2. 尝试动手操作，探索面团放回水中产生的变化

3. 乐意进行探索，为自己的发现感到自豪

### （二）活动准备

（1）物质准备：面粉，水，料理碗若干，小汤勺，绘本《魔法面粉》PPT。

（2）经验准备：幼儿已熟悉绘本《魔法面粉》。

### （三）活动过程

1. 播放 PPT，复习故事《魔法面粉》导入活动，引出面粉

师：小朋友，上周我们一起阅读了一本有趣的绘本《魔法面粉》，你们还记得吗？绘本里的面粉是什么颜色的？有什么魔力？恐龙是怎么变出来的？皮特喜欢这只恐龙吗？

2. 出示面粉和水等操作材料，激发幼儿探索的兴趣

师：今天老师带来一袋干面粉。请你来看看、闻闻、摸摸，说说你看到的面粉是什么颜色的，闻起来有什么味道，摸起来的感觉怎么样？

（1）继续观看 PPT，幼儿第一次操作。

师：面粉要怎样才能变出恐龙？现在请你们来试试吧。

师：多放一点面粉变出的恐龙怎么样呢？少放一点面粉变出的恐龙又会怎么样？

（2）幼儿讲述自己的探索发现。

师：哪位小朋友愿意跟大家分享一下你的发现？

小结：水要慢慢加入，不小心加多了水，可以再加些面粉。

（3）幼儿再次操作，教师指导。

3. 继续播放 PPT，引出面团重新放回水中会发生什么变化

师：恐龙发生了什么变化？恐龙为什么不见了？老师今天带来的面粉是普通的食用面粉，但它也有魔力哦！如果把刚才的面团放到水里会发生什么样的事情呢？会不会像恐龙一样完全消失了呢？

（1）教师示范。

师：先往碗里倒入水，然后将面团放入水里，用手轻轻地揉。你们看，水变成什么颜色了？（白色）面团有什么变化？（变小了）

师：现在我们把水倒掉，再换一碗清水，继续将面团放进水里，用手轻揉。瞧，

面团变小了,颜色也发生了变化。

（2）幼儿操作,教师在旁指导。

师：你们的面团消失了吗?（没有）

师：面团变小了,颜色也从原来的白色变成了淡黄色,拉一拉它,好像橡皮泥,拉不断。我们用水洗掉面团中的淀粉后,剩下的这团小疙瘩我们把它叫做"面筋",蒸熟后可以吃哦。

4. 幼儿把面筋送到厨房,让厨房叔叔阿姨帮忙加工后再分享。

### （四）活动延伸

做面条,进一步探索面团的韧性、延伸性。

（执教者：刘少媚）

## 音乐活动：做饼干

### （一）活动目标

1. 感受歌曲欢快的旋律,能随音乐变化做出相应的动作

2. 在熟悉歌曲的基础上,初步尝试两两合作创编动作

3. 喜欢参加音乐活动,体验与同伴合作游戏的快乐

### （二）活动准备

（1）物质准备：音乐《饼干歌》,播放器,饼干卡片,厨师帽每人 1 顶。

（2）经验准备：幼儿有做饼干的经验。

### （三）活动过程

1. 猜谜语导入,引出歌曲

师：小朋友们,今天我带来一个谜语："可圆可方可三角,有狗有猫有动物。面粉白糖做出来,咬上一口特酥脆。三餐主食要吃好,三餐之外它点缀。小朋友们常爱吃,大人看着流口水。"你们猜猜是什么呢?（教师出示饼干卡片）

2. 倾听歌曲,熟悉旋律

（1）第一遍播放音乐。

师：今天我还带来一首做饼干的歌曲。小朋友们听一听,歌曲里是怎么做饼

干的？跟我们平时做饼干的方法有什么不同？

（2）第二遍播放音乐，教师随音乐做动作（压、揉、拍、推）。

（3）第三遍播放音乐，教师带领幼儿跟随音乐做动作（重点引导幼儿根据歌词和节奏做出相应的动作）。

3. 初步尝试创编动作

（1）教师引导幼儿回忆歌词内容，并体会歌曲所表达的愉快情绪。

（2）提出要求，鼓励幼儿尝试两两合作创编动作。

师："喵喵喵"，猫咪饼干可以怎么做？小狗饼干呢？如果是两个人一起，可以怎么做动作？（请两位幼儿示范）

师：接下来我请小厨师 2 人一组，一起来做"大饼干"！听清楚音乐节奏哦！（幼儿根据教师指令做出对应动物的动作）

（3）幼儿戴上厨师帽，师生共同表演 2—3 次。

师：一场大型的宴会马上就要开始了！请小厨师们戴上厨师帽，一起来做香脆可口的饼干。你们做饼干的动作越多样，做出来的饼干形状就越特别哦！

4. 游戏：百变小饼干

（1）教师讲解游戏规则。

师：请小朋友们围成一个大圆圈，这是我们的"巨型烤箱"！我们要烤很多香喷喷的动物饼干。先请小厨师们找到一个好朋友，音乐响起的时候两人跟随音乐在圆圈上做动作。在间奏的时候两个人"石头剪刀布"，赢的人在音乐即将结束时将对方当作"饼干"推进烤箱。听到"叮"的声音时，扮演"饼干"的小朋友要摆出一个动物的造型。音乐停止后，请小厨师来猜猜对方到底是什么造型的饼干。

（2）交换朋友，游戏 2—3 次。

5. 活动结束，律动离场

师：哇！我们的小厨师都好厉害，满屋子都是香香的饼干味。让我们一起去和其他好朋友分享美味的饼干吧！

（执教者：钟思婷）

## 美术活动：神秘的恐龙化石

### （一）活动目标

1. 感受超轻黏土的特性，用超轻黏土进行手工创作
2. 学习用搓条、粘贴等方法制作"恐龙化石"，表现出恐龙不同的动态
3. 在创作过程中体验与同伴合作带来的快乐

### （二）活动准备

（1）《恐龙化石》的科普视频，恐龙化石照片若干张。

（2）超轻黏土，黑色油性笔，牛皮纸，泥工板，工具，辅助材料等。

### （三）活动过程

1. 导入：播放《恐龙化石》的科普视频，引导幼儿了解恐龙化石是怎样形成的

师：小朋友们，老师知道你们喜欢恐龙，可你们知道恐龙化石是什么吗？今天老师给你们带来了一个关于恐龙化石的视频，我们一起来了解恐龙化石。

2. 出示恐龙化石的照片，小组讨论化石是怎么形成的

师：你们看了视频，谁来分享一下："恐龙化石是怎么形成的？"

师：原来恐龙化石，是恐龙死后身体中的软组织因腐烂而消失，骨骼（包括牙齿）等硬体组织沉积在泥沙中，处于隔绝氧气的环境下，经过几千万年甚至上亿年的沉积作用，骨骼完全矿物化而得以保存。

3. 小组讨论怎样利用现有材料做"恐龙化石"

4. 教师示范制作"恐龙化石"

师：今天，我们试试做一个特别的"恐龙化石"！先将牛皮纸揉一揉，轻轻铺开，做出泥沙的效果。然后在纸板上画出恐龙骨架，再将超轻黏土搓成长条，覆盖在纸板的线条上，拼出恐龙的骨骼。最后用金色丙烯颜料在恐龙骨架刷上一层颜色，我们的作品就完成啦。

5. 幼儿两两合作，动手制作"恐龙化石"

师：小朋友，要仔细观察恐龙，抓住恐龙的特点，制作出不同形态的恐龙化石。

6. 作品展示，评价总结

请小朋友介绍自己的作品，讲述自己在制作过程中碰到了哪些困难，自己又是如何解决的。

（执教者：胡丽莉）

## 烹饪活动：香山比萨

### （一）活动目标

1. 认识制作比萨所需要的食材和工具

2. 尝试制作比萨，能说出基本的制作步骤

3. 体验和同伴一起分享美食的乐趣

### （二）活动准备

（1）食材：马苏里拉芝士 500 克、洋葱 1 个、青椒 1 个、红椒 1 个、火腿肠 5 根、番茄酱 1 瓶、油 200 克、小番茄 20 个、苹果 1 个、低筋面粉适量。

（2）工具：烤箱、油刷、铁盘、刀、勺子、电子秤、一次性手套。

### （三）活动过程

1. 认识制作香山比萨需要的食材

师：小朋友，你们吃过比萨吗？你吃出比萨里面放了哪些东西？猜猜比萨是怎么做的。

2. 教师带领幼儿共同制作比萨

林林和晴晴根据自己的喜好挑选食材，两人开始分工，一起商量着谁抹酱，谁摆水果，谁放芝士，把老师的步骤记得很清楚，还真像个小厨师。

3. 比萨做好了，把它送进烤箱，耐心等待几分钟

4. 分享成果，讲述制作的过程和经验

### （四）活动延伸

图 3-8　师幼分享比萨成品

　　请小朋友回家把比萨制作的步骤分享给爸爸妈妈,在家长的协助下制作成"比萨小书"。

（执教者：王琪）

## 烹饪活动：魔法面粉

### （一）活动目标

1. 知道面粉可以做成各种美味的食物
2. 学习和面、揉面、擀面、切面等烹饪技能
3. 乐于动手操作,乐意与同伴分享劳动成果

### （二）活动准备

（1）食材：面粉 300 克、玉米粉少许、鸡蛋、西红柿、清水。

（2）工具：电子秤、胶垫、擀面杖、塑料刀、碗、杯子、电磁炉、锅。

### （三）活动过程

（1）今天的烹饪区给孩子们准备了面粉、鸡蛋、西红柿,我们要一起制作美味

的西红柿鸡蛋面。

（2）在老师的引导下，诺诺和琳琳小朋友称好面粉，准备好相对应比例的水后，和起面来。

（3）为了让面条更有劲道，琳琳不停地拿和好的面团在手上搓揉着，但是点点却采用了不一样的方法，她说："用擀面杖更方便，力气更好控制些。"

（4）面团搓好后，准备切面条。把面条用擀面杖压成一个大大的圆，再切成细细的面条。

（5）其他小朋友在制作面条的同时，静静已经在一边把西红柿鸡蛋汤准备好了。

（6）将煮好的面条放入西红柿鸡蛋汤中，孩子们一起分享品尝。

（执教者：刘少媚）

## 六　资源共享

家长协助幼儿收集与面粉相关的图片、书籍等资料，完成"面粉变变变"调查表，制作亲子图书《面粉变变变》，用图画或剪贴画等形式展现面粉生产制作的过程。班级家委会组织全体师幼外出参观粮油加工厂，了解粮油生产加工过程，让幼儿懂得粮食来之不易，培养幼儿爱粮惜粮的好习惯。

主题绘本资源：《魔法面粉》《面粉娃娃》《小猫变色记》《夏天来的麦子小姐》等。

## 七　课程赋能

孩子对生活充满好奇心、探索欲，我们应为孩子提供丰富多彩的实践活动。主题之初，老师搜集孩子感兴趣的话题，形成"面粉变变变"调查表，孩子们分头搜集"面粉是从哪来""面粉可以做什么"等资料。孩子们交流很热烈，把面粉从哪儿来说得头头是道,还比较谁吃过的面食多、哪些最好吃……但一提到好吃的面食是怎么做出来的,大家就都说不上来了。于是,老师先请孩子看看、摸摸干面粉,说说干面粉是什么样的。"怎么把它变成好吃的面食呢",小朋友带着问题跟着老师一起探讨面粉的奥秘。在这个主题中,幼儿不仅知道了面粉的来源、特性、制作面食过程和作用,还利用面粉进行相关的科学实验,亲手制作了面条、香蕉饼、葱油饼等美食。通过外出参观调研,幼儿还体验了劳动的艰辛,懂得了粮食来之不易,要爱惜粮食、养成健康的饮食习惯等道理。

# 设计 4

## 番茄探秘

### 一 主题聚焦

有一天午餐吃番茄炒蛋,小朋友们聊了起来,欣欣说:"番茄有很丰富的营养,我很喜欢吃。"正正说:"我家里有一本《番茄探秘》可有意思了,有些外国人会用番茄进行'大战',他们身上都沾满了番茄,红红的。"方方问:"他们怎么做这么奇怪的事情?"正正伸出两只手臂比划着说:"我也觉得太奇怪了。"……听着他们有趣的聊天,想到班上孩子都爱吃番茄,于是老师带领着孩子走进丰富多彩的番茄王国。

### 二 活动目标

#### (一)健康

了解番茄的味道、外形特征及其营养价值,知道多吃瓜果、蔬菜有益健康;了解番茄的食用价值和药用价值,尝试进行食物的搭配,养成不挑食的习惯;在游戏中锻炼敏捷反应的能力,感受运动游戏的快乐;能助跑跨跳一定距离,或助跑跳过一定高度的物体;能单脚连续向前跳 5 米左右,能快速跑 20 米,锻炼身体力量和耐力,具有勇敢挑战的精神。

#### (二)语言

学会安静倾听,能基本理解别人讲述的内容并能有针对性地提出自己的问题;喜欢阅读,能根据图片预测故事情节的发展,用较连贯、完整的语言复述故事内容;感受词语中的音律节奏,体验文学作品中的情感;通过制作小书等多种方式加深对故事情节的理解,具有想象与创编能力。

## （三）社会

能愉快地和老师、同伴一起种植番茄,体验共同合作、共同生活的乐趣;通过观察、记录番茄生长过程的一系列活动,懂得食物的来之不易;热爱劳动,学习拔草、浇水等简单的劳动技能,体验收获的喜悦;能进行简单的烹饪制作,乐意与他人分享自己的劳动成果;具有亲近大自然、热爱生活的美好情感。

## （四）科学

了解番茄的外形特征和内部结构,对番茄的生长变化感兴趣;从茎、叶、花等方面观察番茄,用多种形式记录番茄的生长阶段和变化;了解植物生长所需要的条件;对周围事情感兴趣,具有好奇心和探索欲望,乐意表述自己的探究过程和发现;能通过实际操作理解数与数之间的关系,会描述事物的排列顺序和位置。

## （五）艺术

学唱歌曲,尝试根据歌曲内容自编动作,和小伙伴合作表演;尝试演奏简单的节奏型,会看图谱演奏简单的乐曲;能大胆尝试用番茄的切片进行造型,尝试用对称的方法进行构图,注意色彩的搭配;通过绘画、粘贴、拓印等多种形式表现番茄的特征,具有艺术想象力和创造力。

# 三　概念图谱

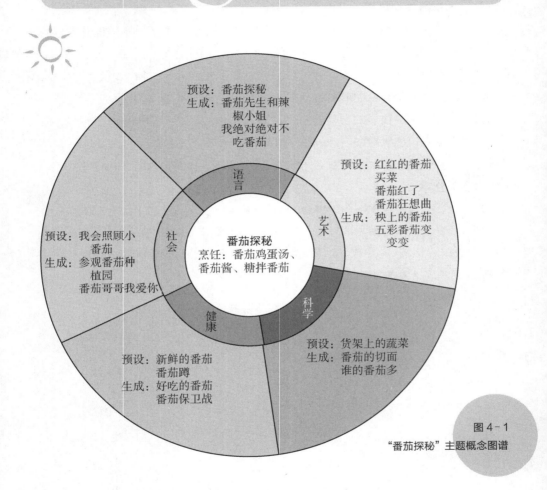

预设：番茄探秘
生成：番茄先生和辣椒小姐
我绝对绝对不吃番茄

预设：红红的番茄
买菜
番茄红了
番茄狂想曲
生成：秧上的番茄
五彩番茄变变变

语言

艺术

预设：我会照顾小番茄
生成：参观番茄种植园
番茄哥哥我爱你

社会

番茄探秘
烹饪：番茄鸡蛋汤、番茄酱、糖拌番茄

健康

科学

预设：新鲜的番茄
番茄蹲
生成：好吃的番茄
番茄保卫战

预设：货架上的蔬菜
生成：番茄的切面
谁的番茄多

图 4-1
"番茄探秘"主题概念图谱

# 四　环境创设

## （一）活动室环境创设

图4-2
活动室一角

图4-3
活动室一角

## （二）区域环境

### 1. 烹饪区

提供番茄、香蕉等果蔬食材及制作流程图等，供幼儿自主烹饪。

图 4-4
烹饪区一览

### 2. 音乐区

提供番茄服装、表演道具、乐器。

### 3. 美工区

提供各种手工材料供幼儿自主创作。

### 4. 种植区

提供铁锹、水壶、花盆等，供幼儿种植番茄、观察番茄的成长过程。

图 4-5
种植区一览

# 五 活动设计

## 语言活动：我绝对绝对不吃番茄

### （一）活动目标

1. 理解绘本故事内容，感受故事天马行空的想法

2. 能用较完整的语言表达自己的想法，能大胆想象

3. 养成良好的饮食习惯，不偏食，不挑食

### （二）活动准备

绘本 PPT，劳拉和查理的面具，一体机，油画棒，画纸。

### （三）活动过程

1. 以故事角色导入

师(戴上劳拉的面具)：嗨！大家好,我是劳拉。这是我的哥哥。

师(换戴劳拉哥哥的面具)：嗨,大家好,我是劳拉的哥哥。

师：今天我们要来讲一讲劳拉和她哥哥的故事。

2. 理解故事的基本内容

(1)阅读第一部分(第一页 PPT 至"我绝对不吃番茄")。

师：为什么劳拉的哥哥会觉得看着劳拉吃饭是一件困难的事呢？如果你是劳拉的哥哥,你有什么办法让劳拉尝试吃她不喜欢吃的食物呢？劳拉为什么不喜欢吃胡萝卜？你喜欢吃胡萝卜吗？为什么？劳拉为什么不喜欢吃豌豆？

(2)阅读第二部分("我绝对不吃番茄"到"再来点儿,还有吗?")。

师：劳拉的哥哥用了什么办法让劳拉吃她不喜欢吃的东西呢？劳拉认为胡萝卜、豌豆、土豆、炸鱼块是什么？

(3)阅读剩余部分。

师：最后劳拉提出要吃什么？你以为那是番茄吗？那可是喷水月光啊！你觉得番茄是什么？

3. "今天我是魔法师"

(1)请小朋友画出自己最不喜欢吃的东西,然后用魔法变变变,再向大家介绍这是什么神奇的东西。

(2)幼儿自由绘画,教师巡回指导。

(3)邀请幼儿展示与分享。

(执教者：罗艳婷)

## 语言活动：番茄先生和辣椒小姐

### (一)活动目标

1. 了解番茄先生和辣椒小姐的性格、爱好、兴趣特点,感受故事的趣味性

2. 学习解决冲突的方法,会礼貌地说话,让人听了愉快、舒服

3. 体验友情的重要性

## （二）活动准备

《番茄先生和辣椒小姐》PPT。

## （三）活动过程

1. 播放 PPT，引出主题

（1）师：辣椒小姐是一个舞蹈家，番茄先生是一位歌唱家。他们住在同一栋楼里。你知道他们一日作息时间是怎样安排的吗？

（2）师：为什么他们常常在剧院里碰到却从来不理睬呢？

2. 深入了解故事内容，启发幼儿思考故事情节的发展方向

（1）师：番茄先生和辣椒小姐应该怎么做才能让对方知道呢？

（2）师：番茄先生和辣椒小姐都生气了，他们吵架了，结果怎样呢？

（3）师：如果你们是番茄先生或者是辣椒小姐，你们会怎么说？

（4）师：后来，番茄先生和辣椒小姐是怎么解决矛盾的？

3. 引导幼儿表达

引导幼儿讲述在生活中遇到的矛盾与冲突，激发幼儿讨论解决问题的策略。重点引导幼儿用恰当的词句表达自己的想法。

## （四）活动延伸

幼儿分角色进行故事片段表演。

（执教者：吴月婷）

## 健康活动：新鲜的番茄

## （一）活动目标

1. 了解番茄的营养价值，知道其对人体有很多益处

2. 能说出番茄的基本特征，喜欢番茄

3. 体验与同伴分享的乐趣

## （二）活动准备

各种各样的番茄；各种颜色的番茄的 PPT 与图片。

### （三）活动过程

1. 展示各个品种的番茄，谈话导入

师：今天，老师带来了一样东西，这是什么？请看一看、摸一摸、闻一闻。

师：你们都吃过番茄吗？它对我们身体有什么好处呢？（番茄含有丰富的维生素、矿物质、碳水化合物、有机酸及少量的蛋白质，有促进消化、利尿、抑制细菌、降血压、促进骨骼钙化、防治夜盲症等作用）

2. 观察与讨论

（1）观察番茄。

师：新鲜的番茄是什么样的？（果实很饱满，叶子和果实有很多水分）你见过的番茄除了红色的，还有什么颜色的呢？（出示 PPT 与图片）

（2）讨论番茄的吃法。

师：番茄可以用来做哪些好吃的？怎样的番茄才可以吃？（没有成熟的或变色变味的番茄不能吃；番茄可以生吃，也可以煮熟吃，如果是生吃就要洗干净，以防有农药残留在皮上）

3. 实地实践

到种植园观察番茄的生长，给番茄苗浇水、除草。

（执教者：吴月婷）

## 体育活动：番茄保卫战

### （一）活动目标

1. 理解游戏规则，在游戏中探索合作的乐趣

2. 能对移动的物体进行拦截，提高身体力量和手眼协调能力

3. 体验合作游戏的乐趣，激发对软式棍球游戏的兴趣

### （二）活动准备

物质准备：若干球棍和与球棍数量相对应的球，若干番茄图片（将其绑在装有水的水瓶上），两个大篮子，口哨，场地设置红线、白线。

### （三）活动过程

1. **热身,导入活动**

（1）师：今天,我们要进行一场保卫战。你猜,我们要保卫谁呢?(出示番茄模型)

（2）讲解游戏规则：分为两队,一队是保卫队,一队是攻击队。在规定时间内,攻击队只能在白线外进行攻击,击中番茄则收到自己的篮中。保卫队只能在红线内进行防守,用球棍对攻击队击出的球进行拦截。

2. **练习击球、传球**

（1）幼儿面对面进行击、传球练习。

（2）交换游戏：A组为攻击队,B组为保卫队。时间到,B组为攻击队,A组为保卫队。

3. **限时番茄保卫战**

（1）介绍游戏规则：两两一组,组内两名成员为对手(一名成员为保卫队,另一名成员为攻击队)。哨声响起,从起点按照指示路线运球至终点,在竞赛中保卫队需抢先一步到达保卫番茄,攻击队只需将番茄击倒即为胜利。

（2）幼儿交换进行游戏(重复两到三遍)。

（3）评选最佳保卫小能手,与大家分享胜利秘诀。

4. **师幼小结,做放松运动**

（执教者：罗艳婷）

## 社会活动：我会照顾小番茄

### （一）活动目标

1. 学习照顾小番茄,乐意给番茄浇水、施肥

2. 能用图画、符号等方式记录番茄的成长变化

3. 感受植物成长的生命力,懂得爱护植物

### （二）活动准备

班级种植园地;一个长得又红又大的番茄和一个又绿又小的番茄;《番茄生长记录表》;浇花器。

### （三）活动过程

1. 谈话导入

（1）教师出示一个长得又红又大的番茄和一个又绿又小的番茄，提问：小朋友，它们看起来有什么不同，为什么有这么大的差异呢？

（2）师：种植一盆番茄，需要有哪些东西？应该如何照顾番茄，它才能长得好呢？

（3）教师小结：番茄跟我们人类一样，需要阳光、空气和水。当然，也需要小朋友一起照顾它们，例如，每天给番茄浇浇水、除草施肥，这样它们会长得特别棒！

2. 教师示范照顾番茄的方法

（1）师：我们的小花园种着红番茄、黄番茄和黑番茄，今天我要邀请大家一起来照顾种植的小番茄，你们愿意吗？我们照顾番茄的时候，要注意方法：番茄浇水不宜太过频繁，每天一次就可以了，浇水时使用喷壶，对准番茄的根部浇水；保证番茄能够每天都晒到充足的阳光。

（2）出示《番茄生长记录表》，引导幼儿了解记录的方法。

3. 分组照顾小番茄，记录番茄的生长情况

（1）每2—3名幼儿负责照顾一盆番茄。

（2）幼儿劳动，为西红柿浇水、锄草（提醒幼儿不要弄断西红柿的枝和叶）。

（3）用图画、符号等方式在表格中记录番茄的成长过程。

4. 分享交流照顾番茄的经验

图 4-6　幼儿正在照顾番茄　　　图 4-7　幼儿正在记录番茄生长情况

（执教者：叶菁）

## 社会活动：参观番茄种植园

### （一）活动目标

1. 初步了解番茄的生长过程以及科学种植的方法

2. 能够积极主动地与讲解人员进行交流并大胆提问

3. 体验亲子欢乐时光，增进亲子感情

### （二）活动准备

（1）常用药品，相机；家长陪同幼儿参与活动；幼儿穿园服，带水壶。

（2）提前与广东省农业技术推广总站工作人员取得联系。

### （三）活动过程

（1）出发前教师提出参观要求及注意事项：

① 坐车时要听从车长的指挥，不要把头、手伸到窗外，坐车不打闹，不大声喧哗。

② 集合时跟随老师排队，参观时跟着大人一起活动，不擅自离开集体，按时集合。

③ 参观时要认真听，不随意打断别人说话，积极举手提问。

（2）从幼儿园乘车前往农业技术推广总站，到达园区门口拍集体照。

（3）一边参观一边听园区介绍员讲解，了解番茄的生长过程、科学种植的方法以及番茄的营养价值，并认识其他蔬菜。

（4）参观温室种植基地和菜地园，认识蔬菜成熟的标志，鼓励幼儿向讲解员提问。

（5）家长带孩子自由参观园区、采摘蔬菜。

（6）返程，活动结束。

### （四）活动延伸

回园后进行交流总结，以绘画、手工等方式记录在番茄园的见闻，并在班级活动区进行展示。

图4-8　幼儿在园区参观

（执教者：叶菁、刘少媚）

## 数学活动：谁的番茄多

### （一）活动目标

1. 认识10以内的数字，理解数与量的对应关系

2. 能够用"我比你多……""你比我少……"表述10以内自然数列中相邻两数的数差关系

3. 在游戏中感受数字的重要性，初步形成数感

### （二）活动准备

操作教具（包含1—10数字卡，随机的番茄卡片数量），若干吸管。

### （三）活动过程

1. 游戏导入

（1）师：今天我们来玩一个摘番茄的小游戏！

（2）游戏规则：在规定时间内，去到指定的地方（番茄树）摘取番茄返回放至自己的盘中，一次只摘取一个。

2. 数番茄

幼儿用自己喜欢的方式点数番茄。

（1）比一比，看看谁能又快又准确地数出番茄的数量。

（2）分享交流。

师：盘子里有多少个番茄？请你用相应的数字表示自己拥有的番茄数量。

3. 番茄大比拼

（1）师：现在，你们都知道自己摘了多少番茄，那你们知道和其他小朋友相比是多还是少吗？多的话多几个呢？少的话少几个呢？

（2）请每个小朋友说出自己的番茄数量并与上一个小朋友的番茄数量进行对比。

（3）验证："排排队"——将第一个小朋友的番茄排成一横排，其他小朋友以这种形式从上至下排列。

（执教者：罗艳婷）

## 音乐活动：番茄红了

### （一）活动目标

1. 学唱歌曲，感受歌曲的童趣和优美的意境

2. 能根据歌曲内容自编动作，和小伙伴合作表演

3. 能大胆表演，享受合作表演的乐趣

### （二）活动准备

红番茄、绿番茄、魔法箱、各种会变颜色的蔬果图片；音乐《番茄红了》；番茄服装若干。

### （三）活动过程

1. 魔法箱游戏

师：老师的魔法箱藏着一个神奇的东西，谁来摸一摸？请你告诉小朋友，里面藏着什么？（绿番茄）这里还有一个魔法箱，谁来摸一摸？请你告诉小朋友，里面藏着什么？（红番茄）绿绿的番茄为什么会变成红色？

2. 教师示范演唱歌曲《番茄红了》

3. 学唱歌曲

（1）教师念歌词：绿绿的番茄等着人来采，等着，等着，急得脸都红了。引导

幼儿感受语词中的音韵节奏与"番茄急得脸都红了"的关系。

（2）幼儿学念歌词,用声调表现"番茄等着等着,急得脸都红了"的情形。

（3）哼唱旋律。

（4）排列图片顺序,熟知歌词,学唱歌曲。

4. 改编歌词

师：小朋友,你们曾经吃过或见过的什么蔬果还会变色？请你们也唱一唱。

5. 歌表演

幼儿自由选择合作表演的伙伴,在老师的指导下自编表演的动作,表达对音乐的感受和理解。

（执教者：叶菁）

## 音乐活动：番茄狂想曲

### （一）活动目标

1. 在熟悉乐曲的基础上,学习分声部演奏节奏型 X、XX

2. 能根据图谱的提示,会看指挥跟随音乐运用乐器完整演奏歌曲

3. 体验有序合作演奏带来的美妙音色

### （二）活动准备

（1）提前把音乐《番茄狂想曲》投放到音乐区,在孩子进区活动中自由选择播放。

（2）手摇铃、沙锤、打棒、非洲鼓、铃鼓、西方木鱼、双响筒各若干。

（3）音乐《番茄狂想曲》。

（4）节奏图谱《番茄狂想曲》。

### （三）活动过程

1. 播放音乐,孩子跟随老师律动进场

师：这个番茄,它有点狂野,也有点勇敢。来,我们一起跟着狂野、勇敢的番茄一起跳舞。

2. 学习演奏节奏型 X、XX

（1）师：今天番茄先生也来了，看，大的番茄先生，他的节奏是 X，谁会用身体打出这样的节奏？（出示图谱）

（2）孩子用自己的身体各部位打出节奏 X，例如拍手、跺脚等。

（3）师：这是两个小的番茄先生连着一起，他们发出的节奏声音会怎么样？谁来试一试？（出示图谱）

（4）孩子用自己的身体各部位打出节奏 XX，例如拍手、跺脚、拍腿等。

（5）播放歌曲，请孩子跟随歌曲并根据完整图谱用拍手、拍腿的方式打节奏。（拍手是敲打 X 节奏，拍腿是敲打 XX 节奏）

3. 分声部演奏歌曲

（1）师：椅子下面有一些乐器，会发出不同的声音，小朋友知道它们的名字吗？

（2）教师引导孩子说出乐器的名称。（手摇铃、三角铁、非洲鼓、铃鼓、西方木鱼、双响筒）

师：今天，我们要为《番茄狂想曲》伴奏。

（3）根据图谱提示进行乐器演奏。

① 播放歌曲，孩子看着图谱运用乐器，集体完整演奏歌曲两遍。

② 播放歌曲，孩子看着图谱，孩子分声部进行乐器演奏。

图 4-9　幼儿正在演奏乐器

师：现在,我们要分声部演奏歌曲,第一组皮革组的敲打 X 的节奏,第二组木质乐器组和第三组散响乐器组演奏 XX 的节奏。

③ 播放歌曲,看老师指挥,孩子分声部演奏歌曲三遍。

④ 孩子自由选择,交换乐器演奏。教师提醒孩子快速、安静地交换乐曲。

(4) 集体演奏歌曲,活动结束。

(执教者：叶菁)

## 美术活动：五彩番茄变变变

### (一) 活动目标

1. 欣赏蔬果拓印画,感知用番茄切面拓印出来的纹理

2. 在拓印的基础上进行添画,使其变成各种造型的物体,发挥想象力和创造力

3. 体验印画活动的图案与色彩的美

### (二) 活动准备

(1) 画纸、十二色水粉颜料、调色碟、抹布、油性笔。

(2) 番茄、塑料刀、案板各若干。

(3) 蔬果拓印画的 PPT。

### (三) 活动过程

1. 欣赏蔬果拓印画,激发兴趣

(1) 师：这里有很多漂亮的画,小朋友猜猜看,它们是怎么画出来的?

鼓励幼儿大胆说出拓印画的特点,激发幼儿尝试的意愿。

(2) 师：原来,蔬菜除了可以吃,还可以用来画画,今天我们用番茄切面进行拓印,拓印以后再添画,想想可以变成什么?

小朋友可以和同伴合作,先想一想要变成什么再开始拓印。

2. 教师示范拓印画

(1) 介绍需要用到的拓印材料。

（2）示范用番茄切面拓印花的方法：用刀把番茄切开一半，用番茄的切面蘸上颜料在纸的上方印画，再用油性笔添画花瓶。

3. 交代作画要求

（1）切番茄时要小心，不要切到手。

（2）已经蘸了一种颜料的番茄不能再蘸其他颜色。

（3）小手脏了可以在抹布上擦一擦。

4. 实践操作，自主探究

（1）孩子自由组合，共同商量用番茄切面拓印的布局、添画的内容。

（2）引导幼儿大胆想象添画造型，按自己和同伴共同的意愿选择添画的方式。

5. 相互欣赏，经验共享

教师引导幼儿展示作品并互相欣赏评议，对画面清晰、整洁，造型有创意的幼儿给予鼓励。

6. 活动延伸

准备番茄或其他蔬菜放在美工区，让孩子自由创作。

（执教者：叶菁）

## 美术活动：红红的番茄

### （一）活动目标

1. 了解纸浆颜料的特性

2. 会使用尖镊子取纸浆颜色、用秃镊子固定颜料的位置，并保持颜色的干净

3. 喜欢用纸浆颜料进行填色活动，初步尝试根据画面作出肌理

### （二）活动准备

（1）物质准备：事先准备好的纸浆颜料（红色、绿色）、番茄简笔画图案、镊子、垫板、抹布。

（2）制作纸浆颜料方法：把纸撕碎放入容器里，加入适量的水搅拌，使纸完全泡开，并沥干多余的水分。加入适量的乳胶并搅拌均匀，加入适量的水粉颜料并搅拌均匀，把做好的纸浆颜料装在瓶子里备用。

（3）经验准备：幼儿已会使用镊子。

**（三）活动过程**

1. 出示范画，激发孩子的兴趣

师：今天老师带来了一个神奇的番茄，你们猜猜它是用什么画出来的？（颜料、水彩、蜡笔……）

教师揭晓答案：纸浆颜料。

2. 出示纸浆颜料，教师示范用镊子捏纸浆装饰番茄简笔画

3. 幼儿操作，教师巡视指导

指导要点：

（1）填色时要分块填色。

（2）取色时一次性不要取太多，用尖镊子取色，用秃镊子固定颜料，同时根据画面的需要作出肌理。

（3）镊子取完一种颜色后，再取第二种颜色时必须用抹布把镊子擦干净，保证颜料的干净。

（4）制作结束后，连同底板放在展示架上晾干。

**（四）活动延伸**

待纸浆颜料干硬后展示到作品栏，引导幼儿欣赏并讲述自己制作纸浆画的过程。

图 4-10　孩子们的纸浆画成品

（执教者：刘少媚）

## 烹饪活动：番茄酱

### （一）活动目标

1. 知道番茄酱可以作为调料为食物增添色、香、味

2. 掌握为番茄剥皮的方法，初步学习制作番茄酱

3. 体验自己动手制作番茄酱的乐趣

### （二）活动准备

（1）食材：生粉 30 克、番茄 2 个、糖 5 克。

（2）工具：电磁炉、蒸锅、碗、刀、大勺子、小勺子、案板、电子秤、榨汁机。

### （三）活动过程

（1）老师出示已经做好的番茄酱，请孩子尝一尝。

师：小朋友，你们看，这是什么？番茄酱可以怎样吃？（可以用来捞面、用薯条蘸着吃等）

（2）把番茄洗净，用刀在番茄底部划十字。

小朋友洗干净手后将番茄洗干净，因为有一定的难度，所以老师先示范一次，提示孩子要左手按住番茄不让番茄移动，然后让孩子们开始操作。

（3）把番茄底部朝上，锅里放少量的水，番茄放在水里煮大概 2 分钟，然后取出放凉备用。

为了避免烫伤孩子，老师全程把控，让孩子跟蒸锅保持一定的距离。观察十字划痕裂开的缝隙越来越大，完全煮好的时候由老师取出番茄，放凉备用。

（4）引导幼儿用电子秤称 30 克生粉、5 克白糖备用。

（5）把番茄剥皮，切小块。

（6）把番茄块倒入榨汁机，榨汁。

（7）把番茄汁倒入锅里一边煮一边搅拌，先后加入生粉和糖。在加入生粉和糖的过程中，老师把电磁炉的温度调到最低，待加入后再调高一个挡位，待完成溶解后盛出。

（8）美味的番茄酱做好了，配上薯条一起品尝吧。

图 4-11　幼儿正在给番茄剥皮

图 4-12　幼儿正在煮番茄汁

（执教者：叶菁）

## 六　资源共享

　　家长协助幼儿收集与番茄相关的绘本；家长带领幼儿外出到超市或菜市场认识番茄，协助幼儿完成调查表并带回幼儿园与小朋友分享；家长协助幼儿自制绘本小书。教师邀请家长参与班级烹饪活动；请家长收集各种番茄的种子。

　　主题绘本资源：《番茄探秘》《西红柿小姐的奇幻旅行》《小番茄的生日》《圆圆的西红柿》《黄色小番茄》《番茄先生和辣椒小姐》《我绝对绝对不吃番茄》。

# 七 课程赋能

　　主题活动渗透五大教学领域：在美术活动中，孩子用纸浆颜料制作番茄；在数学活动中，孩子利用番茄比较相邻两数的数差关系；在社会活动中，孩子们和家长、老师一同走出幼儿园，参观广东省农业技术推广总站，听专业老师讲解番茄的生长过程，了解科学种植番茄的方法；在音乐活动中，通过歌唱"番茄红了"、打击乐"番茄狂想曲"等各种形式的音乐活动充分发挥孩子的主动性与积极性；在语言活动中，通过学习《番茄探秘》《我绝对绝对不吃番茄》《番茄先生和辣椒小姐》等绘本故事，孩子们感受了美的文字、美的情节、美的意境，对阅读的兴趣逐渐浓厚……此外，结合主题还开展了番茄鸡蛋汤、番茄酱和糖拌番茄等烹饪活动。在家、园的共同配合下，孩子的学习能力、生活能力、情感态度、个性品质得到提高和发展。

# 第三章

# 大概念课程的气质

　　掌握大概念课程"减肥"的路径和方法，可以让老师尽可能少教而学生可以多学多得。一般来说，教师只需要教给学生相对较少的大概念，学生就可以对完整的学习有联结性的理解，进而建立起与生活世界的多维联系。

# 设计 5

## 原来土豆很好吃

### 一 主题聚焦

有一天午餐后,老师听到几个小朋友聊天:"我最喜欢吃土豆了,每次吃土豆我就会很快吃完饭!""幼儿园的咖喱土豆太香了!""我在家还吃过土豆焖牛肉。""土豆还可以做土豆泥、土豆沙拉呢!"……看来孩子们很喜欢吃土豆,对土豆有共同的兴趣。那么,土豆是怎样长成的?土豆有怎样的营养价值?土豆可以做成哪些美食呢?带着这样的疑问,老师发动小朋友们找到了《嗨!我是土豆》《原来,土豆很好吃》等绘本,以"土豆"为线索开展主题活动。

### 二 活动目标

**(一)健康**

知道土豆的营养价值及其对人体健康的功效;学习简单的营养搭配常识,了解食物对人体的作用,能根据土豆的营养和味道进行合理搭配,养成不挑食、不偏食的习惯;有参与劳动的意识;尝试负重完成平衡、钻爬及跑的动作,感知负重运输的游戏方式。

**(二)语言**

了解土豆的发源地及它的生长过程,能根据故事情节进行合理猜想,大胆表述;乐意与同伴进行交流,能用较完整的语言表达自己的想法;喜欢欣赏文学作品,能够感受不同类型的文学作品,初步欣赏美、感受美;丰富词汇,掌握更多名词、形容词、介词等;普通话表达流畅大方,感受与同伴、老师一起交流的乐趣。

## （三）社会

乐意进行实践调查,尝试到超市或市场购买土豆,善于观察生活、热爱生活;乐意与同伴一起进行烹饪、制作、表演等活动,具有合作的意识;懂得分享和谦让,会使用礼貌用语;了解人民币与生活的密切关系,懂得爱护人民币。

## （四）科学

知道人们吃的土豆是植物的茎,懂得发芽或变成青色的土豆不能食用;认识空气炸锅,了解空气炸锅的特性和使用方法;了解土豆的生长过程,尝试种植土豆,会用简单的图表记录观察结果,懂得照顾植物,体验种植的乐趣;认识5元以内的人民币,能说出它们的名称;学习简单的人民币兑换,初步体验总数与两个部分数之间的等量关系。

## （五）艺术

喜欢自编舞蹈或其他肢体动作,能有表情、生动活泼地表演;学习用非洲鼓探索断顿和连续声响的演奏方法;关注与同伴间的配合,能按指挥手势迅速做出反应,遵守游戏规则,体验音乐游戏所带来的快乐;欣赏国画,学习运用毛笔进行国画创作,初步掌握国画的一般作画技巧及方法,体验中国国粹文化;会使用各种美工材料进行有主题的创作,大胆想象,具有初步的创造力;学习评价自己和同伴的作品,具有初步的美感和审美能力。

# 三 概念图谱

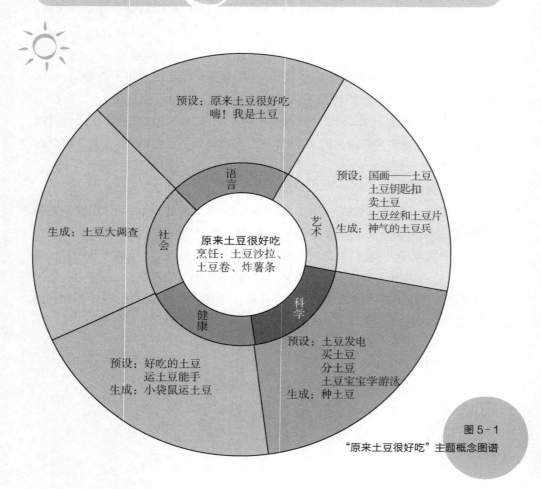

图 5-1

"原来土豆很好吃"主题概念图谱

预设:原来土豆很好吃
嗨!我是土豆

预设:国画——土豆
土豆钥匙扣
卖土豆
土豆丝和土豆片
生成:神气的土豆兵

语言

艺术

生成:土豆大调查

社会

原来土豆很好吃
烹饪:土豆沙拉、
土豆卷、炸薯条

健康

科学

预设:好吃的土豆
运土豆能手
生成:小袋鼠运土豆

预设:土豆发电
买土豆
分土豆
土豆宝宝学游泳
生成:种土豆

# 四 环境创设

## （一）活动室环境

图 5-2
活动室一角

图 5-3
活动室一角

## （二）区域环境

### 1. 语言区

提供土豆的生长图片及有关土豆的图书、教具等。

图 5-4
语言区一览

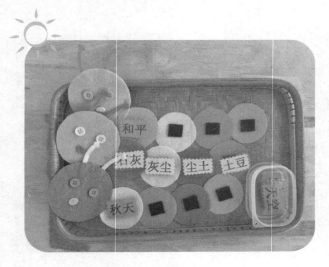

图 5-5
语言区一角

### 2. 科学区

设计"分土豆""土豆发电"等教具,巩固幼儿的 10 以内的数与量以及分解与组成、排序等知识;提供玻璃器皿、花泥等供幼儿种植土豆,观察、记录土豆的生长过程。

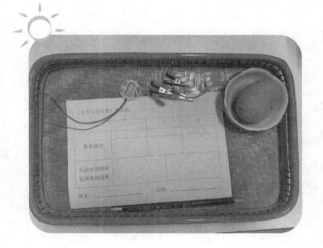

图 5-6
科学区一角

图 5-7
科学区一角

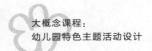
### 3. 表演区

添置土豆侠头饰，幼儿进区时可以扮演土豆侠。

### 4. 日常操作区

提供夹土豆等教具，培养幼儿手眼协调能力。

### 5. 烹饪区

提供烹饪工具和材料，如榨汁机、新鲜土豆、牛奶等材料；提供各类制作土豆美食的步骤图。

## 五　活 动 设 计

### 语言活动：嗨！我是土豆

#### （一）活动目标

1. 欣赏绘本故事，理解故事内容，了解土豆的发源地及其生长过程
2. 能根据故事情节进行合理猜想，并大胆表述
3. 爱说普通话，感受与同伴、老师一起交流的乐趣

#### （二）活动准备

《嗨！我是土豆》绘本及 PPT。

#### （三）活动过程

1. 提问导入

师：小朋友们，你们见过土豆吗？ 土豆是什么形状、颜色的？ 你们知道土豆最早是在什么地方被发现的？ 今天，老师要带你们一起去发掘土豆的秘密！

2. 幼儿边听老师讲故事，边看《嗨！我是土豆》PPT

3. 教师提问，幼儿抢答，巩固故事内容

师：土豆的发源地在哪儿？ 土豆最早是谁发现的？ 土豆是怎样长大的？ 土豆有哪些用途？ 土豆可以怎样搭配？

4. 师幼小结

土豆又名马铃薯,块茎可供食用,是一种有营养又美味的食物,是重要的粮食、蔬菜兼用作物。它最早是被印第安人发现的,然后通过传播让越来越多的人喜爱上它。土豆可以用来发电,成为制作面膜的原料,还具有止痒等作用,用途很广泛。

5. 幼儿自主阅读绘本故事

**(四)活动延伸**

(1) 把绘本《嗨!我是土豆》投放到图书角,供幼儿阅览。

(2) 提供土豆头饰,鼓励幼儿根据故事情节进行角色表演。

(执教者:房丽娜)

## 社会活动:土豆大调查

**(一)活动目标**

1. 知道人们吃的土豆是植物的茎,能使用一些实词描绘土豆的外形特征

2. 在进行调查的过程中能看懂标价,在家长的引导下认识简单的汉字

3. 能较连贯地表达自己的想法,乐意用普通话与同伴进行交流

**(二)活动准备**

(1)《小土豆,大学问》调查表;土豆图片及各种土豆制成的美食的 PPT;投影仪。

(2)幼儿在活动前与家长共同完成《小土豆,大学问》调查表。

**(三)活动过程**

1. 提问导入

师:小朋友们,你们吃过土豆吗?土豆是吃植物的哪个部分呢?今天,我们一起来探索土豆的秘密!

2. 观看 PPT 中的图片,了解土豆的外形特征及土豆做成的美食

师:你吃过哪些土豆制作的美食?土豆有什么营养价值?你知道土豆多少钱一斤吗?

　　教师小结：土豆又名马铃薯,块茎可供食用,是一种有营养又美味的食物,是重要的粮食、蔬菜兼用作物。

　　3. 幼儿分享《小土豆,大学问》调查表

　　(1)请个别幼儿通过投影仪分享自己调查表中的内容,引导幼儿用准确的词汇描述自己去菜市场购买土豆的过程。

　　(2)请幼儿两两分享自己和家长在家共同制作土豆美食的过程。

图 5-8　幼儿正在彼此分享调查内容

**附：土豆调查表**

## 小土豆，大学问

　　亲爱的小朋友们,本学期的主题活动"原来土豆很好吃"就要开始啦! 在主题开始前,快和爸爸妈妈一起来做个关于土豆的调查吧!

幼儿姓名：_____ 调查时间：_____ 记录人：_____

| | |
|---|---|
| 1. 你吃过土豆制作的食物吗？（根据实际情况打"√"） | 吃过（  ）<br>没吃过（  ） |
| 2. 你吃过哪些用土豆制作的食物？ 请列举 1—2 种。（图片＋文字） | |
| 3. 你知道土豆是植物的哪个部分吗？ 它有什么营养价值？ | |
| 4. 你知道土豆多少钱一斤吗？ 请尝试去市场或超市买土豆吧！（请在家人的陪同下去最近的市场或超市购买土豆哦！） | 购买地点：_____  价格：_____<br>元／斤<br>购买过程（请用图片展示）： |
| 5. 介绍一种你喜欢的用土豆做成的美食。（图片＋文字） | |

（执教者：龙艳）

## 科学活动：种土豆

### （一）活动目标

1. 了解土豆的生长过程

2. 讨论土豆的种植方法，亲自尝试种植土豆

3. 愿意合作，体验劳动带来的乐趣

### （二）活动准备

《土豆的生长过程》PPT；土豆若干个（有发芽的土豆，有未发芽的土豆）；玻璃容器、滤网、土、小刀、观察记录本等。

### （三）活动过程

1. 出示土豆

通过摸一摸、看一看比较发芽土豆和未发芽土豆的区别。

师：孩子们，老师这里有两个土豆，你们看看有什么不一样？它们都能吃吗？

师：发芽的土豆里面含有毒素，不能拿来食用，但是发芽的土豆可以拿来种。

2. 观看 PPT

了解土豆的生长过程，包括播种、发芽期、幼苗期、发棵期、结薯期等。

3. 了解土豆的种植方法

把土豆按芽眼切开，一般留一个芽眼，如果太小可以留两个，每穴放一个，定期浇水、晒太阳。

4. 讨论土豆的其他栽种方法，分组种土豆

师：你们觉得土豆可以怎样栽种？除了土栽还有别的种植方法吗？

（1）幼儿自由选择栽种土豆的方式：水培或土栽。

（2）根据讨论结果分组进行种植活动。

选择水培的幼儿需要在容器里装水，把土豆放在滤网里，在观察记录本上记录栽种时间；选择土栽的幼儿把发芽的土豆切开，把有芽眼的土豆放进土里，并在观察记录本上记录栽种时间。

5. 活动延伸

每天观察记录土豆的生长过程，迎接土豆丰收。

图 5-9　幼儿正在给土豆浇水

（执教者：钟晓琳）

## 科学活动：土豆宝宝学游泳

### （一）活动目标

1. 发现盐溶于水后会增加水的浮力，且盐越多浮力越大
2. 学习记录自己的操作过程和结果
3. 乐于探索科学现象，体验与同伴合作的乐趣

### （二）活动准备

（1）玻璃杯，大、小土豆，碗，勺子，盐，味精，糖，筷子。

（2）大、小记录表格，笔。

（3）死海视频资料。

### （三）活动流程

1. 激发兴趣，引出活动内容

师：小朋友，今天有两个土豆宝宝想学游泳，我们来看看它们游得怎么样。（把土豆放入水中）咦？怎么1号杯里面的土豆宝宝浮起来，2号杯的土豆宝宝沉了下去呢？

师：其实老师在1号杯里施了一些魔法，而2号杯只是一杯普通的清水。小朋友们猜猜我施了什么魔法！我的魔法是糖、味精、盐中的一种。请小朋友试一试，找出我施的魔法到底是哪一种。

2. 小组合作，操作探索，感知盐能让土豆浮起来

实验规则：在三杯清水里，分别放入糖、盐、味精，用筷子搅拌到它们完全溶解（全部溶化）后，再放入土豆。观察土豆的沉浮，记录在表格中。

师：从刚才的实验来看，放一样多的糖、味精和盐，糖和味精都没能使土豆浮起来，只有盐溶解在水中让土豆浮起来。这是为什么呢？

小结：这是因为盐能增加水的浮力，让土豆浮起来。

3. 进一步深入探索，感知盐越多浮力越大

师：是不是随便加多少盐土豆都能浮起来呢？这里有个大土豆也说它想要去游泳，我们也请它进入游泳池吧！（将大土豆放入水中）

师：咦，怎么刚才的小土豆就可以浮起来，而这个大土豆却沉下去呢？有什么

办法让大土豆宝宝浮起来呢?

师:我们来做第二个实验,看看放多少盐能让大土豆宝宝浮起来。

实验规则:每次往清水里加一平勺盐,观察土豆的浮沉,并在表格里做好记录。

小结:盐溶于水可以让土豆浮起来,但是当土豆变大了,放两勺、三勺盐之后才能使土豆浮起来,这说明盐越多水的浮力越大。

4. 生活经验扩展:死海

(1)观看死海的视频。

师:有一个神奇的海可以使人浮在海面上,我们一起来看个究竟吧!

(2)师幼小结:死海里有非常非常多的盐,它的含盐量是普通海水的十倍,死海里的水浮力非常大,所以人能漂浮在海面上。

5. 活动结束

师:今天我们做了两个有趣的科学实验,请小朋友回家后把实验告诉你的爸爸妈妈吧!

(执教者:何恺琳)

## 数学活动:买土豆

### (一)活动目标

1. 认识人民币,了解人民币的种类和面值

2. 学习在实际生活中使用人民币

3. 乐意思考和解决问题,体验自主购物的快乐

### (二)活动准备

1元、2元、5元、10元、50元、100元的人民币(学生学习币)若干张,硬币若干枚,投影仪,采购单。

### (三)活动过程

1. 故事导入,激发兴趣

师:小朋友们,小熊家的土豆快吃光了。熊妈妈对小熊说:"宝宝,今天交给你

一个小任务,你去帮忙买些土豆回家,不然咱们就要饿死啦!"于是,妈妈给了小熊一些钱让它自己去买。可是,小熊说:"我不认识钱,不知道怎么买土豆啊!"这可把小熊难倒了,要请我们来帮帮它呢!

师:小朋友,你们平常吃的、用的东西是谁给你买的? 你们认识人民币吗? 你们想不想像小熊一样自己学着到商店里买东西呢?

2. "逛超市"游戏

游戏玩法:一位小朋友扮演老板,其他小朋友扮演顾客。孩子们根据自己手中的采购单去商店买东西。

教师巡视并观察孩子们是否认识人民币的面值。

小结:在刚刚的游戏中,老师发现有些小朋友认识人民币,但也有些小朋友不认识。现在我们就和小熊一起来认识一下人民币吧。

3. 区分硬币和纸币

(1) 幼儿讨论硬币和纸币的不同之处。

(2) 将硬币和纸币进行分类。

小结:人民币有两种,这种圆圆的、硬硬的叫硬币;这种用纸做的、长方形的叫纸币。在我们生活中,硬币和纸币都可以用来买东西。

4. 认识人民币的面值

(1) 认识硬币的面值。

师:现在每组的桌面上都放着不同面值的硬币。请小朋友说一说,每一枚硬币代表多少钱,这些硬币有哪些地方不一样。

(2) 认识纸币的面值。

师:请小朋友来说一说,这些纸币又有哪些地方不一样,每一张代表多少钱。

5. 再次玩"逛超市"游戏,引导幼儿快速辨认各种面值的人民币

6. 游戏:买土豆

游戏玩法:一位小朋友扮演老板,一位小朋友扮小熊。小熊根据采购单去商店买土豆。游戏可变换角色进行。

7. 分享与小结

师:小熊用多少钱买了多少斤土豆? 剩下的钱该怎么办?

总结:要爱护人民币,不要乱花钱。

### （四）活动延伸

请家长带幼儿到超市购物,通过真实的购物场景帮助幼儿巩固对人民币面值的认识,教育幼儿要爱护人民币。

（执教者：胡丽莉）

## 音乐活动：土豆丝和土豆片

### （一）活动目标

1. 熟悉音乐旋律,学习用非洲鼓探索断顿和连续声响的演奏方法
2. 通过快速反应游戏表现出土豆片与土豆丝之间的联系,会玩切土豆的游戏
3. 遵守游戏规则,体验游戏带来的快乐

### （二）活动准备

音乐《快乐波尔卡》,非洲鼓,土豆丝、土豆片的图片各若干。

### （三）活动过程

1. 故事导入

师:菜园里种了很多很多的土豆,它们会说话,一会儿变成土豆丝、一会儿变成土豆片,像念咒语一样。

2. 理解音乐

（1）第一次倾听音乐。边放音乐教师边说:"土豆片土豆片快进来,土豆丝土豆丝在等你。"

师:土豆片邀请了谁来? 它是怎么说的? 我们一起来说一说(加身体动作:拍手、拍腿):土豆片土豆片快进来,土豆丝土豆丝在等你。

（2）第二次倾听音乐。

师:土豆片念的是什么咒语,念完咒语土豆片就怎么样了? 我们怎么让我们的门也锁上呢? 我们把手拉起来,土豆片就锁紧了。

（3）第三次倾听音乐。

师:在音乐结束时,土豆片家的门关得紧紧的,我们就欢呼一声。（感知音乐的终止）

3. 引导幼儿探索鼓的断顿和连续声响的演奏方法

(1) 介绍门锁(非洲鼓)。

师:我有一把神奇的锁(非洲鼓),在你们后面也有一把神奇的锁,请你们把锁找出来,挂在土豆片上,放在我们的大腿上,让它很牢固地固定在土豆片的门上,别让它晃动。

(2) 探索断顿以及连续的演奏方法。

① 探索断顿的演奏方法。

师:怎么样让你的门锁发出一下一下的声音?自己试一试。除了敲鼓面,还能敲哪里也能发出一下一下的声音呢?哦,你们敲的是门锁的两边,还可以敲锁的什么地方?可以敲上面。那我们喊土豆片的时候,该敲哪里?喊土豆丝的时候我们敲哪里?

② 探索念咒语的连续的演奏方法。

师:土豆片和土豆丝的声音都有了,怎么样让你的门锁发出念咒语的声音呢?我们的嘴里还要发出声音,怎么办?

练习:啊——门上锁了。

(3) 为音乐伴奏。

### (四)结束活动

师:你们玩得开心吗?下次我们再来挑战。

(执教者:胡丽莉)

## 美术活动:国画——土豆

### (一)活动目标

1. 欣赏国画,知道国画是中华民族的国粹

2. 学习用毛笔进行国画创作,会运用毛笔的笔尖、笔肚进行作画

3. 体验不同的绘画方法,感受创作的乐趣

### (二)活动准备

(1) 材料准备:国画欣赏 PPT、国画颜料、毛笔、画碟、水桶、抹布、宣纸。

（2）经验准备：回忆国画草莓的绘画过程,懂得一些国画的作画技巧。

## （三）活动过程

1. 导入活动:观赏教师预先准备的国画图片

（1）师:小朋友们记得我们画过"国画——草莓"吗?

让幼儿讨论后,教师总结国画草莓的绘画方法。

（2）欣赏国画 PPT 中的图片,教师介绍关于画的内容。

2. 导入活动主题,尝试运用毛笔和国画颜料画土豆

（1）教师示范如何握毛笔,并介绍毛笔的笔尖、笔肚、笔峰部分。

（2）幼儿尝试按照教师所介绍的方法进行握笔训练。

（3）教师介绍国画所运用的颜料和纸张——宣纸,引导幼儿区分宣纸的正反面。

（4）教师示范运用毛笔蘸上颜料,重点引导幼儿用毛笔蘸过颜料后要轻轻在颜料碟边上碰一碰,把多余的颜料抖下。

（5）教师在宣纸上示范画土豆。重点:在画的过程中要注意手腕提起,毛笔呈竖起来状,不能手腕下塌,毛笔歪斜。

3. 幼儿尝试作画,教师进行个别指导

（1）教师把宣纸和毛笔、颜料等分放在桌面上,引导幼儿可先尝试用毛笔蘸墨。

（2）幼儿开始作画,教师巡视并根据幼儿的需要给予指导。

4. 分享展示,交流画国画的经验

（执教者:龙艳）

## 美术活动：神气的土豆兵

### （一）活动目标

1. 了解土豆的外形特征,用黏土捏出土豆的外形

2. 尝试装饰土豆,用各种材料表现出土豆兵的动态

3. 欣赏和评价自己与他人的作品,具有初步的审美能力

**(二)活动准备**

椭圆泡沫球、超轻黏土、火柴棒、塑料小眼睛、小吸管、毛绒条、白乳胶、棉签、小碟。

**(三)活动过程**

1. 谈话导入,激发幼儿的兴趣

师:小朋友,土豆长什么样? 小土豆虽然个子小,但是很想当士兵,我们来看看土豆兵长什么样吧!

2. 教师示范,引导幼儿仔细观察

(1)教师示范用黏土把泡沫球整个裹住,难点是黏土要均匀地裹住泡沫球。

(2)教师示范用火柴棒、小吸管等材料装饰泡沫球。

(3)教师示范用毛绒条做土豆兵的四肢,重点是用弯曲毛绒条表现出土豆兵的动态。

3. 幼儿动手操作,教师巡回指导

师:请你做一个土豆兵,你可以使用桌面上的任何材料,看看哪个小朋友做的土豆兵最特别、最神气!

4. 欣赏、评价作品

师:请你说说,哪个土豆兵最神气? 你最喜欢哪个作品? 为什么?

5. 把幼儿作品展示在走廊

图 5-10　幼儿制作的土豆兵成品

(执教者:房丽娜)

## 烹饪活动：土豆沙拉

### （一）活动目标

1. 认识制作土豆沙拉所需要的食材

2. 能均匀地进行搅拌，会简单的摆盘，掌握制作土豆沙拉的方法

3. 喜欢参加烹饪活动，感受合作与分享的乐趣

### （二）活动准备

（1）食材：熟土豆、小黄瓜、沙拉酱、小番茄。

（2）工具：勺子、料理盆、盘子。

### （三）活动过程

（1）每人取一个料理盆、一把勺子、一个熟土豆，把熟土豆去皮并放入料理盆中。

小朋友们领取到自己的食材和工具，迫切地开始动手剥土豆皮。"看我的！""小菜一碟！"恒恒和钦钦信心十足，三下两下就把土豆去了皮。

（2）使用勺子将土豆压成泥状。

土豆个头很大，钦钦铆足了劲用铁勺往下压，而琪琪压了几下觉得很费劲，就用铁勺把土豆切成了几小块再往下压，土豆很快就变成了泥状。旁边的小伙伴看到这个办法不错，纷纷效仿起来。

（3）在土豆泥中加入沙拉酱，均匀搅拌。

小朋友们各自在土豆泥中加入各种配量，忙得不亦乐乎。冰冰喜欢吃火腿，她往自己盆里加了很多火腿。"你这火腿都要比土豆泥还多了！"一旁的萱萱笑她。

（4）将小番茄切成两半，将小黄瓜切成片。

（5）摆盘：取来盘子，将搅拌均匀的土豆沙拉倒上，再放入小番茄和小黄瓜做点缀。

（6）分享美味的土豆沙拉，交流制作体验。

（执教者：龙艳）

## 烹饪活动：炸薯条

### （一）活动目标

1. 了解制作薯条的原料和过程

2. 掌握切、按等食材处理技能，懂得空气炸锅的使用方法

3. 乐意分享，体验自我服务带来的乐趣和成就感

### （二）活动准备

（1）食材：土豆，番茄酱，食用油，盐。

（2）工具：料理盆，陶瓷刀，切薯器，空气炸锅等。

### （三）活动过程

1. 削土豆皮把土豆削皮并切成薄片，放到料理盆里浸泡1—2分钟

因为土豆小且表面凹凸不平，对幼儿来说给土豆削皮难度比较大，所以由老师削皮并将土豆切成薄片。小朋友们都仔细地观察着。"老师，你要小心点儿，别切到手啊！"贴心的圆圆轻声提醒老师。

2. 用切薯器将土豆切成条状

琼琼两手握住切薯器，用力往下一压，土豆顿时成了条状。琼琼抬头咧嘴一笑说："这切薯器好锋利啊！冰冰你要不要试试？"冰冰很乐意地接过切薯器，又挑选了一块薄薄的土豆片，做好准备用力往下压。

3. 处理土豆条

将切成条的土豆放到大料理盆里，加入三勺油、两勺盐。

4. 炸土豆条

将土豆条取出滤干，倒入空气炸锅中，摊平。在老师的指导下将空气炸锅温度调到180℃，时间设置为15分钟。

小朋友第一次使用空气炸锅，颇感新鲜。"这空气炸锅真的能将土豆变成我们最爱的薯条？""这也太神奇了吧？我妈妈做薯条是把土豆条放进油锅里炸出来的呢！"孩子们三三两两讨论着，又期待又兴奋。

5. 分享劳动成果

不负众望，随着"叮"一声响，薯条出锅了！所有的孩子都欢呼雀跃起来！柠

柠自告奋勇帮大家挤好番茄酱，品尝着美味的薯条，小伙伴们都快乐极了！

6. 活动延伸

幼儿把制作过程画成连环画，在父母的协助下制成《美味薯条》绘本小书，与同伴交流分享。

图 5-11  幼儿在尝试切土豆条

（执教者：房丽娜、吴婉蕾）

## 烹饪活动：土豆卷

### （一）活动过程

1. 了解制作土豆卷所需要的食材和步骤

2. 掌握切、卷、捞等动作技能，能较熟练地制作土豆卷

3. 喜欢参加烹饪活动，体验劳动带来的成就感

### （二）活动准备

（1）食材：发酵好的面团、土豆丝、酱油、陈醋、盐、香油、火腿肠。

（2）工具：电磁炉、电热锅、碗、软胶垫、漏勺。

### （三）活动过程

（1）取发酵好的面团摊平放入锅中，开始烙饼。

小朋友控制锅铲有一定的难度,雄雄试了好一会儿渐渐熟练起来。在老师的指导下来回翻动面团数次,直至两面稍显金黄色。

(2)把土豆丝放入开水中飞水。

哲哲将土豆丝轻轻放入开水中,搅动了几下,迫不及待地问老师:"好了吗? 可以捞出来了吗?"老师关火后,哲哲用漏勺将土豆丝一根不剩地捞了出来,如释重负地松了一口气说:"我好怕被开水烫到!""你做得很好! 只要细心、动作慢点,一定没问题的!"老师鼓励他。

(3)在土豆丝中加入酱油、陈醋、香油等调料,进行搅拌。

(4)将土豆丝、切好的火腿条平铺在面皮的左边,从左往右将面团卷紧。

小朋友们放好土豆丝和火腿条,开始卷土豆丝。枫枫很着急,匆匆忙忙卷了一条,刚要拿起来就散了。第二次,他耐心地将土豆丝和火腿条从左往右卷得紧紧的,拿起来的时候也小心翼翼地托住土豆卷两头,这次终于成功了。

(5)美味的土豆卷做好啦,一起分享吧!

### (四)活动延伸

将食材和工具投放到烹饪区,幼儿自主操作(由于使用电磁炉和飞水具有一定的危险性,幼儿操作时老师应在旁看护和指导)。

(执教者:胡丽莉)

# 六　资源共享

幼儿收集土豆回园开展种植活动。家长协助幼儿到菜市场或者超市进行"土豆大调查"实践活动;根据烹饪活动需要,家长为孩子准备新鲜土豆带回园。教师邀请家长来园制作醋熘土豆丝等美食。

主题绘本资源:《原来,土豆很好吃》《嗨! 我是土豆》。

## 七　课程赋能

　　土豆家族以其味道鲜美、营养丰富等特点深受人们的青睐。幼儿虽然常常接触土豆,但是这种接触大多是一种模糊的混沌知觉。在"原来土豆很好吃"主题中,孩子们通过看一看、闻一闻、做一做、尝一尝,一起进行建构式的发展——由模糊的、混沌的知觉转变为有意义、有结构的知觉重组,一起去经历一个令人兴奋、愉悦的主动学习的历程。

　　社会活动"土豆大调查",幼儿和爸爸妈妈一起收集了土豆的各种资料;科学活动"种植土豆",幼儿探索了土栽和水培两种种植方法;语言活动"嗨! 我是土豆",幼儿通过故事了解土豆的发源地及其品种;科学实验"土豆宝宝学游泳",幼儿探索科学的奥秘,懂得盐越多,水的浮力越大;音乐活动"土豆丝和土豆片",幼儿学习与同伴相互合作,一起享受音乐游戏带来的快乐;美术活动"国画——土豆",幼儿学习运用毛笔进行国画创作,感受国粹文化……结合绘本,我们还开展了"土豆沙拉""炸薯条"等烹饪活动。主题活动的开展,寓教于乐的教学方式,让幼儿不仅学到了知识,还增长了生活经验,体验了交往、分享带来的乐趣,更感受到生活的美好。

# 设计 6

## 南瓜汤

主题聚焦

　　菜地里的南瓜成熟了,孩子们非常兴奋:"这是黄瓜吗?""这是葫芦吗?"他们对这个长长的、圆圆的东西充满好奇。老师告诉他们这是南瓜。孩子们一脸质疑:"不是的,南瓜是黄黄的、扁扁的,很大很大的,可这个东西一点儿都不像是南瓜。"老师说:"他们都是南瓜,只是品种不一样,所以外形也不一样!"为了保护孩子们的好奇心,让他们亲身去感受体验,在玩玩、讲讲、尝尝、做做中了解南瓜,我们生成了"南瓜汤"主题活动。

二　活动目标

### (一)健康

　　了解南瓜的营养价值,懂得多吃粗粮、均衡膳食有益身体健康;进餐时举止文明,注意餐桌礼仪;了解南瓜与人们生活的关系,懂得几种常见的烹调方法;具有饮食安全意识,不吃腐烂、变质、过期的南瓜;运用自制大南瓜等体育教具进行走、跑、跳、踢、滚、转、推、拉、投、抛接、攀爬等运动,锻炼身体的灵活性与协调性;对体育活动感兴趣,具有合作的精神。

### (二)语言

　　能围绕《南瓜汤》等绘本进行讨论,做到轮流发言,理解并尊重别人的观点;喜欢阅读,仔细观察、大胆想象情节发展,能用较流畅的语言讲述故事;能围绕一个主题进行演讲,尝试仿编、创编故事或进行创造性讲述;接触多种形式的文学作品,对文字符号感兴趣。

## （三）社会

在制作南瓜美食等区域活动中敢于实现自己的想法、愿望和活动计划，获得成功的体验，增强自尊、自信；在烹饪美食时，愿意主动、友好地与他人交往，体验分享、互助、合作的快乐和意义；掌握初步的交往技能，尝试独立解决交往中出现的问题；喜欢劳动，关心本班菜园里南瓜的变化，愿意照料小南瓜苗，有责任感；体验菜农种南瓜的辛苦，养成珍惜粮食、爱惜粮食的好习惯；了解与自己生活有关的各行各业人们的劳动，热爱并尊重劳动者。

## （四）科学

学习种植南瓜，观察南瓜的生长过程，体会劳动带来的乐趣；认识不同的南瓜品种，比较其异同；调动多种感官感知南瓜的形状与特征，乐于探索，学会比较生活中事物的特征；喜欢做科学实验，能大胆猜测并验证答案；在烹饪活动中感知和区分物体的粗细、厚薄、轻重等特点，体验数学在生活中的用处；通过自制南瓜教具在日常生活和游戏中学习 10 以内数的组成，认识加号、减号、等于号。

## （五）艺术

根据歌曲内容和性质，有表情地演唱歌曲；在音乐游戏中，会根据乐曲的内容和风格创编简单的舞蹈动作，创造性地表现乐曲的特点；学习打击乐器，尝试在音乐伴奏下齐奏、轮奏；接触水粉、版画等多种形式，掌握一定的表现技能与方法，注意色彩搭配，画面布局合理；懂得欣赏大自然、社会生活、美术作品中的美，具有一定的美感和鉴赏能力。

# 三 概念图谱

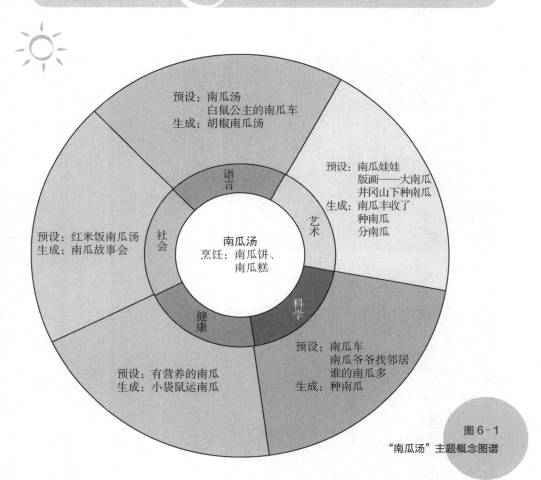

图 6 - 1
"南瓜汤"主题概念图谱

119

## 四 环境创设

### （一）活动室环境

图 6 - 2
活动室一角

图 6 - 3
活动室一角

### （二）区域环境

I. 语言区

提供与南瓜相关的绘本，搜集与南瓜相关的图片供幼儿阅读、讲述。

### 2. 烹饪区

提供烹饪工具、食材及烹饪活动的操作指引,引导幼儿自主操作。

图6-4
烹饪区一角

### 3. 美工区

提供彩笔、蜡笔、吹塑纸、油墨、纸、丙烯颜料等,供幼儿自主选择、自由创作。

## 五 活动设计

### 语言活动:南瓜汤

#### (一)活动目标

1. 仔细观察画面,理解故事情节,敢于表达自己的想法
2. 通过扮演、续编故事等方式,深入体会"合作"的价值和意义
3. 乐意与他人合作

#### (二)活动准备

《南瓜汤》的绘本及 PPT;与故事情节相对应的动物头饰及道具。

### （三）活动过程

1. 谈话导入

师：小朋友,你知道什么是合作吗？今天老师带来一个"合作"的故事,我们一起来听一听。

2. 学习绘本故事,理解故事情节

（1）出示绘本,观察封面,猜猜故事里讲的是什么。

（2）播放《南瓜汤》PPT,教师讲故事。

（3）讨论故事内容：

问题一：猫、松鼠、鸭子是不是好朋友？

问题二：为什么它们煮出来的汤是世界上最好喝的汤？（会合作）

问题三：如果你是鸭子,当你想搅汤的时候,你会对松鼠说什么？

问题四：后来,当鸭子走了,猫和松鼠又是怎么做的？

问题五：现在你认为什么是"合作"？（重新理解"合作"的含义）

3. 幼儿戴头饰演绘本

4. 引导幼儿续编故事情节

师：故事的最后,小鸭子说："我现在想要吹风笛。"接着会发生怎样的事情呢？请把这个故事继续讲下去。

（执教者：刘冠华）

## 语言活动：白鼠公主的南瓜车

### （一）活动目标

1. 深入理解故事内容,感知连环画的特点

2. 能根据自己对故事的理解来创作连环画,并用较连贯的语言讲述画面内容

3. 愿意用图画和符号表达自己的想法,乐意与同伴进行分享

### （二）活动准备

（1）物质准备：《白鼠公主的南瓜车》PPT,彩色笔,连环画纸。

（2）经验准备：幼儿已熟悉故事情节。

### （三）活动流程

1. 播放 PPT，回忆故事内容

师：小朋友，你们还记得《白鼠公主的南瓜车》这个故事吗？故事里面讲了什么？

2. 教师展示自制连环画，激发幼儿创作的兴趣

师：我觉得这个故事很有趣，我把它画成了连环画，这样我想看的时候就可以拿出来看，还可以随时跟朋友们分享这个有趣的故事。你们知道连环画是怎样创作出来的吗？

3. 教师讲解连环画的创作过程

重点提醒幼儿封面要有故事的名称，按故事情节的发展逐页画出图案，每页要有页码。

4. 幼儿创作连环画，教师巡回指导

5. 幼儿分享自己创作的连环画，鼓励幼儿用连贯的语言表达画面内容

（1）幼儿两两互相分享，用自己的话讲述连环画的内容。

（2）每个小组推选一位幼儿讲述自己创作的连环画。

师：小朋友，你们觉得连环画有趣吗？以后如果你们听到喜欢的故事，或者发生有趣的事情，都可以用连环画的形式记录下来。

### （四）活动延伸

将幼儿创作的连环画投放到语言区，供幼儿自由阅览和讲述故事。

（执教者：房丽娜）

## 健康活动：有营养的南瓜

### （一）活动目标

1. 进一步了解南瓜的种类，感知南瓜的营养价值

2. 了解南瓜做成的美食，乐意分享自己的见解

3. 爱吃南瓜，懂得均衡膳食才有利于身体健康

### （二）活动准备

含有各种南瓜图片的 PPT。

### （三）活动流程

1. 与幼儿谈话，交流各种南瓜与南瓜的用途

师：小朋友们都见过什么样的南瓜？你们吃过南瓜做的食物吗？

2. 播放 PPT，展示各种各样的南瓜以及南瓜做成的美食

（1）介绍几大类南瓜品种。

（2）南瓜可以做成的健康食谱：南瓜汤、南瓜粥、南瓜饼等。

3. 了解南瓜的营养价值

师：南瓜对我们的身体有什么作用呢？

（1）南瓜含有丰富的胡萝卜素、维生素，可以帮助我们预防近视、防治色盲等。

（2）南瓜还可以帮助我们提高身体的免疫能力，可以帮助我们的身体生成好多厉害的"细胞守卫兵"，调节好人体的免疫系统，阻挡病毒、细菌入侵到我们的身体里面。

### （四）活动延伸

师幼共同制作南瓜饼。

（执教者：刘冠华）

## 体育活动：小袋鼠运南瓜

### （一）活动目标

1. 理解游戏规则，能按照规则进行游戏

2. 练习把沙包夹在双腿中间进行跳，发展腿部力量，提高身体的灵活性、敏捷性，增强体质

3. 对体育活动感兴趣，体验游戏的快乐

### （二）活动准备

沙包、平衡木、白色筐、呼啦圈、雪糕桶。

### （三）活动流程

1. 开始部分

师幼问好（"拍拍手，手举高，小朋友们好"）。

2. 热身运动

（1）小游戏一：今天老师还带来很多"水果"，我把"水果"抛到天空中，你们就要跳起来把"水果""啊呜"吃掉。"苹果"，"西瓜"，"南瓜"，"石头"……谁把"石头"吃掉啦？小心牙齿全崩掉！石头是不可以吃掉的，当你听到"石头"，就马上蹲下来。

（2）热身操。

3. 基本部分

（1）收粮食。

① 师：农民伯伯的南瓜要收成了，需要我们去帮忙。

教师示范：双脚并拢跳过呼啦圈，通过平衡木，收割一个南瓜（沙包），从外侧跑回队伍的后面，并把南瓜放到筐里。

② 师：这样收南瓜对小袋鼠来说太简单了，我们现在要增加一点小难度，变成单脚跳。

（2）练习运南瓜。

师：所有的南瓜都被我们收回来了，现在我们要帮农民伯伯把南瓜运回家。怎样去运南瓜呢？请小朋友脚并拢，把我们的南瓜放到两脚之间，看看哪一只小袋鼠的南瓜被夹得最紧。

① 请个别幼儿示范：双腿并拢，夹紧沙包跳过呼啦圈，然后把沙包放到筐里，回到队伍后面。老师讲解动作要领。

② 分组练习运南瓜。

（3）运南瓜比赛。

师：第一个小朋友听到哨声用双腿夹住南瓜出发，运到对面雪糕桶后，把南瓜拿在手上，从外侧跑回，轻轻地交给下一个小朋友（强调不能扔），下一个小朋友再出发，以此类推。

4. 结束部分

放松，收拾器材。

（执教者：刘冠华）

## 科学活动：南瓜车

### (一) 活动目标

1. 知道车的基本构造，了解制作车子所需的基本材料

2. 综合使用各种材料和工具制作南瓜车，大胆尝试并与他人合作

3. 感受探究和实践带来的成就感

### (二) 活动准备

(1) 物质准备：南瓜车图片，南瓜车成品，小南瓜，车轮，轮轴，刀，砧板，勺子，卡纸，KT板，胶枪，丙烯颜料，水粉笔，剪刀，双面胶，塑料盆，抹布等。

(2) 经验准备：幼儿具有使用胶枪等工具的经验。

### (三) 活动过程

1. 出示南瓜车图片，导入活动

师：小朋友们，你们还记得《灰姑娘》的故事吗？灰姑娘坐着一辆什么车去皇宫里参加舞会？

师：灰姑娘的南瓜车不仅很漂亮，而且还很神奇！你们想不想也来做一辆南瓜车？

2. 学习南瓜车的制作方法

(1) 引导幼儿讨论南瓜车的制作方法。

师：你们觉得南瓜车应该怎么做？需要哪些材料？

(2) 教师展示成品，介绍南瓜车的制作过程和方法。

① 用刀将南瓜顶部切掉，用勺子把南瓜瓤挖出，剩下的南瓜作为车身。

② 用卡纸、KT板等材料制作车头和车尾，用胶枪粘到南瓜上。

③ 轮轴穿过南瓜底部，露出两头，装上轮子。

④ 用丙烯颜料给车子刷上漂亮的颜色。

3. 幼儿分组制作南瓜车，教师协助并指导

(1) 教师协助幼儿将南瓜的顶部切掉。

(2) 重点指导幼儿安装轮轴和车轮。

(3) 幼儿使用胶枪时，教师要予以看护和协助，以防幼儿烫伤。

4. 幼儿介绍作品,分享制作经验

**（四）活动延伸**

（1）比比谁的南瓜车跑得快。

（2）在班级作品栏展示幼儿的南瓜车。

（执教者：刘冠华）

## 数学活动：谁的南瓜多

**（一）活动目标**

1. 认识">"号和"<"号,理解符号的含义

2. 比较 10 以内数字的大小,学会使用">"号和"<"号

3. 能够大胆在集体面前讲述自己的发现,感受数学在生活中用处

**（二）活动准备**

PPT 课件,题卡,铅笔,橡皮擦。

**（三）活动过程**

1. 导入主题

播放 PPT 中的第一张图片。

师：小动物们在菜地里种了许多南瓜籽,秋天到了,它们收获了很多大南瓜。我们一起来数一数,小熊、小猴、小象、小马、小狗、小羊家分别收获了几只大南瓜,我们可以用数字几来表示？

师：它们谁家收的南瓜多呢？你是怎么知道的？

师：刚刚小朋友们说得很对,我们要先把各自的数量数出来,然后再来作比较。老师有一个好办法,只要在数字之间放一个符号,就能让你们一看就明白南瓜的多和少。

2. 认识">"号和"<"号,理解它们代表的含义

（1）播放 PPT 中的第二张图片,出示">"号和"<"号。

师：这两个符号长得一样吗？它们长得像什么？猜一猜它们代表什么意思呢？

（2）播放 PPT 中的第三张图片：第一组"小熊 8 个南瓜＞小猴 6 个南瓜"；第二组"小象 7 个南瓜＞小马 5 个南瓜"；第三组"小狗 10 个南瓜＞小羊 4 个南瓜"。

师：小朋友们，请观察一下这三组数字有什么共同的地方。为什么把符号宝宝的大嘴朝向小熊、小象、小狗呢？你们能说说吗？

（3）播放 PPT 中的第四张图片：第一组"小熊 8 个南瓜＜小狗 10 个南瓜"；第二组"小猴 6 个南瓜＜小象 7 个南瓜"；第三组"小羊 4 个南瓜＜小马 5 个南瓜"。

师：小朋友们，这三组数字又有什么共同的地方呢？现在符号宝宝的大嘴朝向谁呢？为什么要朝向小狗、小象、小马呢？

小结：原来这两个符号长得不一样，它们的名字也不一样，一个叫"大于号"，一个叫"小于号"。两个符号宝宝的大嘴巴都是朝向大的数字。我们在两个数字中间放上一个大于号或小于号后就叫不等式，读起来的时候应该按从左到右的顺序读（教师示范读"8 大于 6"，"8 小于 10"）。

3. 学习"＞"号和"＜"号的使用方法

（1）播放 PPT 中的第五张图片，练习读不等式。

师：这些不等式该怎么读呢？请小朋友来试试看。

（2）读题卡接龙游戏。

玩法：8 个小朋友为一组，第一个小朋友读完与第二个小朋友击掌，第二个小朋友接着读，直到最后一个小朋友读完题卡。用时最短的一组获胜。

（3）看题卡，填写"＞"号和"＜"号。

师：小朋友们，小动物们都争着要跟别人比一比，看看谁家的南瓜多。我们一起来帮它们比一比吧！请你们小组合作，在这些题卡上面填上"＞"号和"＜"号，好吗？

（4）给小组发题卡，小组讨论，填上"＞"号和"＜"号。

（5）相互检查，验证结果。

4. 活动评价，集体巩固

（执教者：胡丽莉）

## 音乐活动：井冈山下种南瓜

### （一）活动目标

1. 复习歌曲，深入理解歌词内容

2. 尝试根据歌词创编舞蹈动作，体验创作的乐趣

3. 感受红军艰苦奋斗、乐观向上的革命主义情怀

### （二）活动准备

PPT 课件，音乐《井冈山下种南瓜》，南瓜道具，钢琴。

### （三）活动过程

1. 在钢琴伴奏声中进行师生问好

师：小朋友们好！

幼：老师你好！

2. 复习歌曲《井冈山下种南瓜》

师：小朋友，上周我们学过一首种南瓜的歌曲，你们还记得吗？这首歌叫什么？我们一起来复习一下吧！

3. 引导幼儿了解歌曲背后的故事，进行舞蹈动作创编

（1）播放 PPT，帮助幼儿深入理解歌词内容。

师：小朋友，你们有没有种过南瓜？在井冈山，有一群小朋友，要去种南瓜，我们看看他们是怎么种南瓜的。

（2）播放歌曲，教师示范舞蹈动作。

师：小朋友，我给这首好听的歌曲配上了舞蹈动作，你们来看看！

师：请问我表演得怎么样？你们也来编一编好看的舞蹈动作吧！

（3）启发幼儿自己创编舞蹈动作。

师：种南瓜的动作有哪些？小锄头怎么拿？怎么挖坑？怎么舀泉水？用什么样的动作表示"阳光晒""雨露洒"？……

（4）教师清唱歌曲，放慢速度，帮助幼儿梳理歌词、记忆动作。

（5）听音乐完整表演2—3遍。

4. 总结，升华情感

师：井冈山下的小朋友把南瓜抬回家,做了什么饭呀? 革命传统饭是怎样的?
(红米野菜煮南瓜)这说明红军的生活怎么样? 虽然很艰苦,但是红军战士仍然斗
志昂扬,能打胜仗。我们现在过上了幸福的生活,但是一样要保持红军艰苦奋斗
的作风和乐观向上的精神哦!

(执教者:胡丽莉)

## 美术活动:版画——大南瓜

### (一)活动目标

1. 初步了解版画和版画的历史

2. 掌握版画的表现方法和技巧

3. 在游戏中延伸兴趣、感悟生活,具有想象及创造能力

### (二)活动准备

版画作品 PPT 课件;铅笔、吹塑纸、油墨等。

### (三)活动过程

1. 交流创作南瓜的经验,探讨自己新的想法和创意

师:前几天我们一起创作了各种各样南瓜,你最喜欢用哪一种方式创作出来
的南瓜? 还可以用别的方式来进行创作吗?

2. 播放 PPT,欣赏版画作品

师:今天我们要试试用版画的方式来进行创作。版画由来已久,是我国美术
的一个重要门类,是一种很特别的艺术风格。我们先欣赏一些版画的作品。

3. 了解版画制作的步骤和操作方法

第一步:画形。

第二步:制版。师:制版时我们要用到铅笔,要注意用手按住纸,不要让纸
移动。

第三步:拓印。师:在拓印取油墨的时候我们要注意什么? 为什么? (避免
弄脏衣服)

4. 幼儿创作,教师辅导

(1)提醒幼儿在制版时要用手按住,不让纸移动。

（2）在刻版时，做到线条流畅，不要停顿。

（3）用滚筒滚油墨时防止弄到自己和他人身上。

5. 活动结束

分享展示版画作品，交流制作版画的经验。

（执教者：胡丽莉）

## 综合活动：南瓜故事会

### （一）活动目标

1. 加深对南瓜及其用途的理解

2. 能围绕"南瓜"主题大胆表述，发展口语表达能力

3. 锻炼胆量，增强自信与勇气

### （二）活动准备

（1）家长和幼儿了解"故事会"的要求，提前做好相关准备：故事内容围绕"南瓜"主题；时间约为 3 分钟；家长可为孩子创设故事情境，可配乐、配表演或配PPT；使用普通话讲述。

（2）大班级全体幼儿参与本次活动，各班提前在班上进行初赛，各推选 6 人作为本班代表参与年级决赛。

（3）评分示准：

① 故事内容：切合主题，内容精彩具体，情节完整。

② 表演技能：表演生动，富有吸引力，感情充沛，配有适当的动作手势。

③ 表达能力：语言准确流畅，条理清楚，语音、语调规范，吐字清晰。

④ 仪表形象：仪表整齐，仪态大方，体态自然。

⑤ 辅助效果：有辅助的配乐、情境、PPT、表演等可给予适当加分。

（4）提前做好会场布置，安排相关人员负责音响、拍照、统分等工作。

（5）设一等奖 2 人，二等奖 4 人，三等奖 6 人。

### （三）活动过程

（1）主持人宣布比赛主题和参赛要求、评分标准。

131

（2）参赛选手按序号上台讲故事。

（3）评委根据评分标准进行评分。

（4）统计分数，公布比赛结果。

（5）颁奖仪式，小结活动。

图6-5　幼儿正在讲故事

图6-6　颁奖仪式

（执教者：胡丽莉、王琪）

## 烹饪活动：南瓜饼

### （一）活动目标

1. 在区域活动中学习看图册，自己动手制作南瓜饼

2. 练习压泥、搓圆等烹饪技能，初步掌握南瓜饼的制作方法

3. 愿意与同伴分享劳动成果，体验自我服务带来的乐趣和成就感

### （二）活动准备

（1）食材：小南瓜 1 个（500 克左右）、低筋面粉 500 克、白糖 150 克。

（2）工具：大碟子 3 个、大碗 1 个、软胶垫 10 张、刮刀、蒸箱等。

### （三）活动过程

（1）昊昊和宸宸手握刮刀用力将蒸熟的南瓜一点一点压成泥。昊昊提醒宸宸："压南瓜泥的时候要一点一点地压，不要一大片压，要不容易把南瓜弄到碗外面去。"

（2）云云主南瓜泥里面加入白糖，一旁的静静不时提醒他不要加太多，太甜了不好吃。

（3）往南瓜泥里加入面粉后，昊昊说："老师，快过来看看，这面团怎么不听我的话啊！"原来是南瓜泥里面含了太多水分，面粉添加得太少。在老师的帮助下也又往里面加入更多的面粉，这才将南瓜面团搓好。

（4）哲哲和宸宸在搓好的大面团里面取了一小撮搓成圆球。但宸宸发现自己的小面团怎么也搓不好，总是开裂。哲哲告诉宸宸："你搓的时候不要太用力，这样表面才会光滑。然后用手掌轻轻一压南瓜饼就做好了。"

（5）把做好的南瓜饼放进蒸箱里面蒸。小窍门：要在盛放南瓜饼的容器里面抹上一层油，这样

图 6-7 幼儿正在制作南瓜饼

南瓜饼蒸熟后才不会粘锅。

### （四）活动延伸

在家当小老师教爸爸妈妈做美味的南瓜饼，并将烹饪过程绘制成小书。

（执教者：胡丽莉）

## 烹饪活动：南瓜糕

### （一）活动目标

1. 认识制作南瓜糕所需要的食材，能熟练运用食材
2. 会根据图册指引动手制作南瓜糕，学习用果脯来装点南瓜糕
3. 感受合作与分享带来的快乐

### （二）活动准备

（1）食材：小南瓜（500 克左右）、纯牛奶 1 盒、白糖 50 克、低筋面粉、果脯。

（2）工具：大碟子 3 个、大碗 3 个、大勺子 3 把。

### （三）活动过程

（1）洋洋和鑫鑫齐心协力将南瓜压成泥后，为了增加南瓜泥的甜度，他们决定在南瓜泥里面加入 4 勺白糖。

图 6-8　幼儿正在装饰南瓜面糊

（2）为了增加南瓜糕的香味和口感,琳琳往南瓜泥里面加入了纯牛奶,洋洋往南瓜泥里面加入低筋面粉,俩人一起搅拌起来。

（3）接着,小伙伴们仔细地用果脯给搅拌好的南瓜面糊装饰。

（4）在老师的协助下放入蒸箱,等待的过程中小伙伴交流着制作的经验和心得。

（5）分享美味的南瓜糕。

（执教者：胡丽莉）

## 六　资源共享

家长协助幼儿共同收集南瓜的相关资料;家长搜集废旧材料,制作与南瓜相关的手工。教师邀请家长参与班级烹饪活动。

主题绘本资源：《南瓜汤》。

## 七　课程赋能

《幼儿园教育指导纲要》中指出幼儿教育应与生活相结合,生活是最好的教育素材,我们认为从生活中选择内容是最有价值的。在"南瓜汤"主题中,我们让幼儿通过看一看、摸一摸、闻一闻、尝一尝,了解了南瓜的丰富多样以及南瓜对人体的重要性;以南瓜为材料制作了南瓜饼、南瓜糕等美食,满足了幼儿味蕾的享受和动手制作的愿望;种南瓜、南瓜故事会、制作南瓜版画等一个个活动让幼儿对南瓜的了解和探索不断深入……通过主题的各项活动,孩子们渐渐体会到相互团结、共同配合才能完成一项活动的道理,从而也变得更加有责任心,更愿意为同伴、为集体服务了。

# 第四章

# 大概念课程的姿态

大概念课程是问题导向的，而不是结果导向的；是生活导向的，而不是知识导向的。大概念课程是问题探究的"基站"，是生活世界的"舞台"，它不断以大概念为中心进行纵向联结，实现内容的整合和组织，不断跨越知识进入生活领域，最终让儿童获得跨界的学习体验。

# 设计 7

## 遇见春天

《贪睡的小熊》里讲了动物冬眠的习性,孩子们问:"熊为什么要冬眠? 它们什么时候醒过来? 为什么春天到了它们就可以醒过来?"他们带着一个个疑问度过了寒假。开学后,玥玥从家里带来了《遇见春天》绘本,兴奋地告诉同伴们:"你们看,画面还是白白的,感觉还是冬天,熊就醒来了!"到底冬眠的动物是冬天还是春天醒来? 孩子们你一句我一句地议论起来。孩子们对大自然的季节更替、动物的生活习性等充满了好奇和探究的欲望,我们顺着孩子的兴趣开始了"遇见春天"主题探索。

## 二　活动目标

### （一）健康

了解春天的季节特征,会根据气温和运动量的变化调节活动内容,适当增减衣服;尝试运用身体动作表现动物的特征,模仿动物做钻、爬、跑、跳等动作,发展机体的灵活性;乐意参与游戏,遵守游戏规则,形成积极向上的情感。

### （二）语言

愿意与同伴进行交流和讨论,在集体面前大胆发言;在欣赏与春天相关的文学作品中体验文字的优美,丰富词汇量;能根据故事的部分情节或图书画面的线索猜想故事情节的发展,进行续编或创编故事。

### （三）社会

乐意与同伴分工合作,遇到困难能一起克服;亲近自然,感知体会人与自然、人与人之间的和谐关系；在活动中表现一定的独立性，形成主动、互助、合作的态度与行为；遵守公共秩序，爱护公共环境，做环保卫士；具有热爱家乡、热爱大自然的美好情感。

### （四）科学

感知并了解季节变化的周期性，知道变化的顺序；能通过观察、比较、分析发现不同种类物体的特征或某个事物前后的变化；乐意参与种植活动，能用简单的记录表、统计图等表示数量关系，感知与体验数学在生活中的用途；感受春天万物生长带来的勃勃生机，具有好奇心和探索精神。

### （五）艺术

能较自如地运用剪刀、透明胶等工具，灵活运用多种材料和废旧物品进行手工制作，体验创作的乐趣；尝试用水粉画、线条画、国画等多种形式表现自己对春天的感受，画面色彩丰富，布局较合理；感受歌曲的优美、欢乐和抒情性，能用歌舞、奥尔夫声势、节奏、乐器等表现对春天的感受；学习领唱、合唱、齐唱及创编歌词等。

# 三 概念图谱

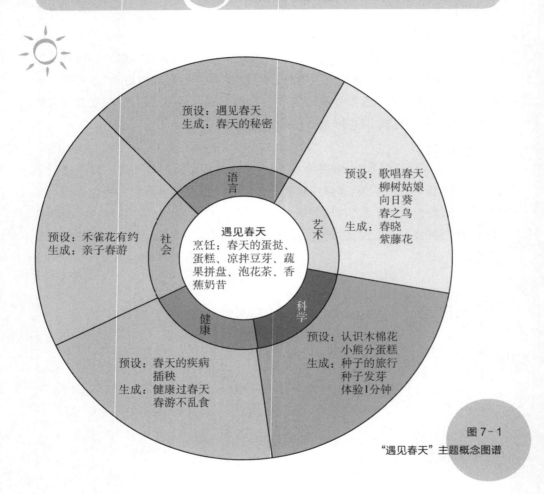

预设：遇见春天
生成：春天的秘密

语言

预设：歌唱春天
柳树姑娘
向日葵
春之鸟
生成：春晓
紫藤花

艺术

遇见春天
烹饪：春天的蛋挞、
蛋糕、凉拌豆芽、蔬
果拼盘、泡花茶、香
蕉奶昔

社会

预设：禾雀花有约
生成：亲子春游

科学

健康

预设：春天的疾病
插秧
生成：健康过春天
春游不乱食

预设：认识木棉花
小熊分蛋糕
生成：种子的旅行
种子发芽
体验1分钟

图7-1
"遇见春天"主题概念图谱

# 四 环境创设

## （一）活动室环境

图 7 - 2
活动室一角

## （二）区域环境

### 1. 美工区

提供水粉画材料、卷纸材料等。

图 7 - 3
美工区材料

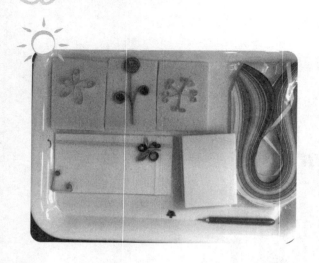

图 7 - 4
美工区材料

### 2. 烹饪区

提供制作流程图和食材，供幼儿烹饪各种美食。

### 3. 科学区

投放动物的生长过程嵌板、图片及自制教具等。

图 7 - 5
科学区动物生长过程嵌板

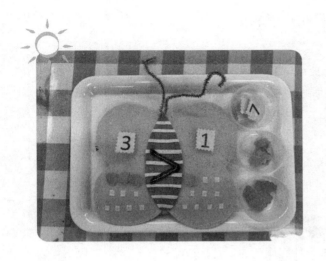

图 7-6
科学区教具

## 五　活动设计

### 语言活动：遇见春天

**（一）活动目标**

1. 理解绘本内容，知道大自然的美需要用心灵和所有感官去感受、发现

2. 丰富"光秃秃""翩翩起舞""连滚带爬"等词汇

3. 感受绘本图画带来的色彩美，对阅读感兴趣

**（二）活动准备**

绘本《遇见春天》PPT。

**（三）活动过程**

1. 提问导入

师：小朋友们，你们知道现在是什么季节吗？春天有什么特征呢？

2. 出示故事封面，初步猜测，想象绘本内容

师：这个绘本里有谁？讲了一个怎么样的故事？（幼儿自由表达自己的看法）

3. 播放 PPT

教师讲故事,帮助幼儿理解故事情节,初步感受绘本语言的优美。

4. 结合相关页面进行提问,帮助幼儿理解绘本内容

师:故事里有谁?玛库和玛塔是什么动物?妈妈对他们说什么?(初步认识"光秃秃""翩翩起舞")

师:玛库和玛塔出门要找什么?

师:玛库和玛塔在去找春天的路上,发现了天气有什么变化?大地有什么变化?

师:玛库和玛塔遇见什么动物?(青蛙、睡鼠)

师:玛库和玛塔发现的春天是什么颜色的?是什么味道的?"春天"从小竹篮里拿出什么?(奶油蛋挞和草莓蛋挞)

5. 老师小结故事内容

教师启发幼儿观察绘本中植物的变化、动物的活动、小朋友的动作表情,感受春天的美。理解"光秃秃""翩翩起舞""连滚带爬"等词汇。

6. 讨论

师:除了书里说的,你们曾经在哪里遇见春天?你遇见的春天是什么样的?

(执教者:叶菁)

## 健康活动:春游不乱食

### (一)活动目标

1. 知道细菌会使人生病,懂得随便乱吃东西的危害性

2. 能基本辨别食物变色变味的情况,拒绝乱吃食物

3. 初步具有自我保护意识及应对安全事件的能力

### (二)活动准备

新闻案例《野菜不能乱食》、PPT 课件。

### (三)活动过程

1. 案例导入

（1）师（播放新闻）：春天这个时节也是大片野菜生长的时期,近日,湖南永州有多位市民就因为乱吃野菜而中毒,所幸抢救及时才没有酿成大祸。

（2）师：春天是万物复苏的季节,小朋友会经常和爸爸妈妈一起出游野餐,我们会吃很多美味的食物。我们什么都可以吃吗? 应该注意什么呢?

2. 请幼儿分享春天外出的经历

师：你一般会带什么食物外出? 为什么? 你在春天有生病过吗? 为什么春天容易生病?

3. 播放 PPT 课件,讨论分享

师：哪些食物不能吃?（老鼠、苍蝇叮咬过的食物;过期的食物;腐烂变质的食物;假冒、劣质的食物;没洗干净的食物）

师幼小结：凡是被细菌污染过的食物我们都不可以吃。一般食物过期、腐烂、没洗干净都是被细菌污染过的,我们应该拒绝食用。

4. 播放课件图片,请幼儿初步判断图片的食物是否可食及原因

师：春姑娘要选择勇敢的小卫士来保护我们的健康,这个小卫士是能够准确判断哪些做法是正确的。

### （四）活动延伸

请幼儿回家找找哪些东西不能食用。

（执教者：罗艳婷）

## 体育活动：插秧

### （一）活动目标

1. 理解并遵守游戏规则
2. 学习并掌握弯腰倒退走和快速跑的动作技能
3. 体验劳动的辛苦和成功的快乐,形成积极向上的情感

### （二）活动准备

泡沫跨栏板若干,塑料栏杆若干,大筐子 1 个,哨子 1 个。

## （三）活动过程

1. 热身：韵律操

2. 基本部分

（1）创设情境,激发幼儿参与活动的兴趣。

师：我们平时吃的大米是怎么来的呀？今天我们来学习农民伯伯是怎么种田的,体验一下农民伯伯的劳作好吗？

（2）教师示范动作要领,幼儿练习。

① 教师示范快速跑和弯腰倒退走的动作要领。教师请若干位幼儿进行示范教学。

② 幼儿站成两列在跑道上进行快速跑的练习(30 米 1 组,每人至少 2 组)。

③ 幼儿站成两列在跑道上进行弯腰倒退走的练习(30 米 1 组,每人至少 2 组)。

重点指导：快速跑时手臂要前后摆动,后退走时必须弯腰倒退走。提醒幼儿注意安全。

（3）插秧游戏。

① 教师在跑道的尽头放置一个装满塑料栏杆的筐子,然后在跑道中间间隔放置至少 30 个泡沫跨栏板。幼儿站成两列,哨声响起后排头的幼儿立即快速跑到对面装满塑料栏杆的筐子拿起一个塑料栏杆,弯腰倒退走然后随意插进泡沫跨栏板中,回来后就排到队伍的最后。

② 当前面的幼儿奔跑到了 15 米处第二个幼儿接着出发。

③ 哪边的幼儿先插完跑道上的泡沫跨栏板就获胜。

重点指导：巩固快速跑和弯腰倒退走的动作要领。

3. 结束部分

引导幼儿收拾好器材,集合做放松动作。

（执教者：叶菁）

### 社会活动：禾雀花有约

**（一）活动目标**

1. 亲近自然，感受大自然因季节变更带来的变化

2. 了解禾雀花的外形特征，学习用黏土捏出禾雀花的造型

3. 享受探索自然的快乐，萌发热爱自然、爱护环境的美好情感

**（二）活动准备**

（1）地垫 4 张、各色超轻黏土 16 包、纸绳 1 卷；2 位家长义工。

（2）教师已提前勘察过活动场地：区政府花园。

**（三）活动过程**

（1）幼儿园门口集中，徒步到区政府花园。

注意途中安全，进入区政府范围内保持安静，不打扰他人工作。

（2）到达区政府花园，寻找和认识禾雀花。

寻找禾雀花，认识禾雀花的外形特征，闻闻禾雀花的味道，观察它的生长环境和特点。

（3）幼儿分成四小组，坐在地垫上用超轻黏土制作禾雀花，制作好的禾雀花用纸绳串好。

（4）分享自己制作的禾雀花。

（5）徒步返回幼儿园，结束参观赏花活动。将制作的禾雀花展示在班级展板上。

（执教者：张呈蓓）

### 科学活动：种子的旅行

**（一）活动目标**

1. 认识蒲公英、苍耳、豌豆、莲子四种植物，了解它们的传播方式

2. 通过观察、猜想、游戏等方式了解种子传播的途径有风、动物、外壳炸开、水等

3. 养成认真观察、积极思考的好习惯

**（二）活动准备**

PPT;《种子的旅行》视频;蒲公英、苍耳、豌豆、莲子的图片;铅笔、猜测图。

**（三）活动过程**

1. 谜语导入,引起幼儿兴趣

师:今天老师带来了两个谜语,我们一起来动动小脑筋,看看谁先猜出来哦!

（1）绒毛轻又轻,风吹像伞兵。随风到处飘,安家把根生。（蒲公英）

（2）两头尖尖,肚儿圆圆,绿色衣裳,脾气不小,裂开外壳,蹦出元宝。（豌豆）

2. 猜测体验:小种子去旅行

（1）连线游戏:幼儿用铅笔在猜测图上进行连线。

师:蒲公英、豌豆、苍耳和莲子想去旅行,这里有四种方式（风吹、水流、跟着小动物、裂开蹦出）,请你帮它们选择一种最适合的方式。（PPT上出现风、水、小动物和裂开）

（2）验证猜想。

师:我们一起来看一段视频,看看你的猜测是否正确,再看看它们为什么会选择不同的方式去旅行。

小结:原来蒲公英很轻,风轻轻一吹,就可以飘散出去,所以它选择用风来传播种子;苍耳的身上长满了小勾刺,很容易就粘在动物的皮毛上,小动物们可以带着它们到处播种;豌豆成熟后豆荚会自然裂开,小豌豆自己蹦出来;莲子因为生长在水中,需要靠水流来传播种子。

3. 闯关游戏,加深对种子传播方式的认识

玩法:幼儿分成两组,根据PPT中出现的图片抢答相应的传播方式（柳树、棉花、松果、樱桃、椰子、菜籽）,答对多的一组获胜。

**（四）活动延伸**

请幼儿通过绘画的形式,记录一种植物的传播旅行,并在围坐活动时进行分享。

（执教者:张呈蓓）

## 音乐活动：柳树姑娘

### （一）活动目标

1. 感受歌曲优美而轻快的旋律，初步学唱歌曲
2. 能跟随音乐用身体动作表现柳树姑娘婀娜多姿的动态
3. 感受焕然一新、生机盎然的春天景象，热爱大自然

### （二）活动准备

（1）物质准备：柳树随风飘动的视频（视频的背景音乐是《柳树姑娘》的伴奏音乐）；音乐《柳树姑娘》。

（2）经验准备：幼儿学过古诗《咏柳》。

### （三）活动过程

1. 导入活动，激发兴趣

师：小朋友，现在是什么季节？你怎么知道春天来了？你们见过柳树吗？柳树是什么时候发芽的？它是什么样子的？我们一起看看吧。（老师播放视频，幼儿观察柳树）

师：柳树长什么样子？你们看，长长的枝条，小小的、嫩绿的叶子，看起来像什么？风一吹，枝条会怎么样？

师：唐代诗人贺知章曾经写过一首赞美柳树的古诗，你们知道是哪一首吗？《咏柳》老师还想到一首跟柳树有关儿歌，请你们来听一听。（老师朗读《柳树姑娘》的歌词）

2. 教师范唱歌曲，引导幼儿感受歌曲优美而轻快的旋律

师：这首儿歌可以变成歌曲《柳树姑娘》。请小朋友仔细听一听，听完说说你们的感觉。

师：听完这首歌，你能用一个词或一句话形容你的感受吗？

小结：这首歌曲很优美、轻快，歌词描绘了柳树的婀娜多姿以及春天焕然一新、生机盎然的景象。

3. 学唱歌曲

（1）回音游戏：幼儿逐句跟念歌词、跟唱歌曲。

师：现在，我们玩一个回音游戏。老师念什么，你们就念什么；老师唱什么，你们就唱什么。

（2）歌曲接龙游戏。

师：接下来，我们玩一个歌曲接龙游戏，老师唱一句，你们接着唱下一句。最后一句"啊哩罗"一起唱。

提示幼儿用轻快、活泼的情绪演唱："洗洗干净，多么漂亮，洗洗干净，多么漂亮，多么漂亮，啊哩罗。"师幼交换一次。

（3）全体幼儿集体完整唱一遍。

4. 歌表演

师：柳树姑娘的辫子长长的，我们怎么用我们的身体表现柳树的随风摆动、梳洗头发的姿态呢？（幼儿自由表现）

（1）幼儿跟随音乐《柳树姑娘》进行表演。

（2）幼儿分成两组，一组幼儿表演柳树姑娘的动作，另外一组幼儿唱歌，然后交换角色。

5. 幼儿一边唱歌一边表演《柳树姑娘》，活动结束

（执教者：叶菁）

## 美术活动：紫藤花

### （一）活动目标

1. 认识春天里开放的紫藤花，了解它的形态和颜色

2. 学习用国画的形式来表现紫藤花的形态特征

3. 体验国画的特点和魅力，具有热爱大自然的美好情感

### （二）活动准备

紫藤花的 PPT，毛笔，墨，瓷碟，紫色颜料，小水桶，毛毡布，宣纸。

### （三）活动过程

1. 观看 PPT，观察紫藤花的外形特征

师：你在哪里见过紫藤花？它的形状和颜色是怎样的？看起来像什么？

重点指导幼儿在观察紫藤花的基础上用语言描述花的特征。

2. 教师示范画紫藤花,巩固握笔和用笔

师:大拇指的第一节内侧按住笔杆靠身的一方,大拇指处于略水平的横向状态。食指的第一节或与第二节的关节处由外往里压住笔杆。中指紧挨着食指,钩住笔杆。无名指紧挨中指,用第一节指甲根部紧贴着笔杆顶住食指、中指往里压的力。小指抵住无名指的内下侧,帮上一点劲。这样形成五个手指力量均匀地围住笔的三个侧面,使笔固定,手心虚空。

先画紫藤花,用侧峰按压的方法画出开放的花朵,成串地往下画。画好花之后,再用墨来画叶子。

3. 幼儿自己作画,教师指导

重点提醒幼儿表现紫藤花的形态。

4. 展出绘画作品,大家欣赏

(执教者:张呈蓓)

## 烹饪活动:香蕉奶昔

### (一)活动目标

1. 了解制作香蕉奶昔需要的食材和制作方法

2. 学习根据流程图的提示制作香蕉奶昔,能熟练掌握切香蕉的动作技能

3. 体验自己动手制作饮品的乐趣

### (二)活动准备

(1)食材:香蕉 1 根,纯牛奶 1 瓶,白砂糖 1 瓶。

(2)工具:辅食机 1 部,砧板 1 块,陶瓷刀 1 把,小调羹 1 个。

### (三)活动过程

(1)从烹饪区中挑选出制作香蕉奶昔所需要的食材和工具。

(2)将香蕉剥皮,切成小块。

(3)将小块的香蕉放入辅食机,倒入牛奶。

(4)加入适量的糖和纯净水,启动料理机。

老师帮助孩子接通辅食机的电源,辅食机发出"呜呜"的响声,并带动所有食材高速旋转。

(5)美味的香蕉奶昔制作好了,我们一起分享吧!

(6)鼓励幼儿回家和父母一起制作更多口味的奶昔。

(执教者:房丽娜)

## 烹饪活动:凉拌豆芽

### (一)活动过程

1. 了解豆芽从豆子到豆芽的生长过程

2. 学习挑拣、清洗豆芽,专注进行烹饪

3. 感受收获和分享的快乐

### (二)活动准备

(1)食材:黄豆(用于发芽)、酱油、食用油。

(2)工具:豆芽机、电磁炉、大汤锅、小碟和小勺。

### (三)活动过程

1. 豆子发芽(豆芽机制作)

羲羲妈妈前段时间从家里搬来了一台豆芽机到班上,于是老师便和孩子们一起尝试利用豆芽机发豆芽。经过几天的换水和照料,果然一颗颗小豆子长成了粗壮的豆芽,太神奇了!

2. 挑拣豆芽,去掉豆芽衣,清洗干净

小朋友们一起帮忙挑拣,发现豆芽长出来以后,原来黄豆外表的那层薄膜会脱落出来。

3. 处理豆芽

将洗干净的豆芽倒入煮好的沸水中煮熟,加调味料。

4. 一起分享美味的凉拌豆芽

### (四)延伸活动

(1)豆芽的营养丰富,鼓励家长在家多烹饪豆芽菜肴。

（2）在种植区进行黄豆、黑豆、绿豆的种植活动。

（执教者：张呈蓓）

## 烹饪活动：春天的蛋挞

### （一）活动目标

1. 了解制作蛋挞所需要的材料：淡奶油、蛋液、糖粉和蛋挞皮

2. 学习用筛网对蛋挞液进行过筛，专注投入烹饪过程中

3. 体验自己动手制作蛋挞和同伴分享的乐趣

### （二）活动准备

（1）食材：蛋挞皮 24 个、纯牛奶 125 克、淡奶油 125 克、鸡蛋 4 个、细糖 48 克。

（2）工具：烤箱 1 台、不锈钢碗 4 个、打蛋器 2 个、筛网 1 个、电子秤 1 台。

### （三）活动过程

1. 出示蛋挞图册，说说自己对蛋挞的品尝印象

教师与幼儿交谈：你吃过蛋挞吗？口感是怎样的？吃过什么口味的蛋挞？

2. 出示淡奶油，了解淡奶油的作用

师：淡奶油是个魔法师，制作蛋挞非常需要它，它能使蛋挞的口感更香更好吃。

3. 幼儿操作，根据配料进行称量

小朋友翻阅制作蛋挞的图册，根据需要的分量进行称量。

（1）将牛奶倒进不锈钢碗里，然后加入细糖，搅拌均匀。再加入淡奶油，搅拌均匀。

（2）取 4 个鸡蛋，蛋黄和蛋清分离，蛋黄搅拌均匀。蛋液加入牛奶液中，搅拌均匀。

（3）学习用筛网过滤混合液。

（4）将蛋挞液倒入蛋挞皮中。

（5）烤箱预热后，上下火 210℃，烤 20 分钟左

图 7-7 幼儿正在将蛋挞液
倒入蛋挞皮中

右,蛋挞表面少许焦即可。

4. 和老师、同伴一起分享美味的蛋挞

(执教者：张呈蓓)

## 六　资源共享

　　家长与幼儿一起收集资料,帮助幼儿丰富和积累有关春天的知识经验;家长和幼儿一起制作亲子图书《寻找春天的秘密》,用图画或剪贴画等形式表现春天;家长和孩子一起踏青,寻找春天的秘密,发现春天的美;家长引导孩子拍摄春天的美景,参加大班级"遇见春天"亲子摄影展。教师每月组织幼儿走进社区和大自然,感受春天的气息,进行多种形式的户外远足活动。

　　主题绘本资源：《遇见春天》。

## 七　课程赋能

　　在这个主题中,孩子们通过视觉、听觉、触觉、味觉和嗅觉感知体验春天的美好气息。孩子们通过踏春赏花欣赏美丽的春天景色;通过亲自栽种种子,加工食材变成美味来体验劳动的意义和价值;通过和同伴品尝和分享自己制作的美食来激起对生活的热爱;在闻着香香甜甜的蛋挞味儿中学会了耐心等待。适逢春暖花开的季节,老师还带领孩子们来到小菜园,观察小菜苗的生长;带领孩子们来到区政府花园,观赏禾雀花并进行写生和创意美工等活动;开展亲子春游活动,来到佛山盈香生态园踏春,领略春天的美景;用相机镜头捕捉最美的春天,并开展大班"遇见春天"摄影展……在形式多样的活动中,孩子们领略了大自然的无限生机,同时也激发出对美好事物的向往和对生活的无比热爱。

# 设计 8

# 彩虹色的花

## 一 主题聚焦

班级开展的插花活动受到小朋友的喜爱,在插花的过程中,幼儿对鲜花的品种、颜色、形状、香味、花语等产生了好奇,经常提出"玫瑰花为什么会有刺""太阳花为什么没有叶子"等各种各样的问题。为了满足幼儿探究的欲望,我们一起走进了"彩虹色的花"主题活动。

## 二 活动目标

### (一)健康

了解花的各种用途,知道花既可以美化环境,也可以用来食用;能说出生活中常见的与花相关的食物和种类;了解花类美食对人体健康的功效,乐意学习制作简单的食物,在成人引导下能根据花的营养和味道进行合理搭配;练习在一定范围内四散追逐跑,锻炼速度和反应能力;遵守游戏规则,乐意和同伴共享空间。

### (二)语言

理解绘本内容,能用较完整的语言与同伴交流故事情节;喜欢欣赏文学作品,能够感受不同类型的文学作品,有欣赏美、感受美的情感;丰富词汇,乐意通过绘画、表演等多种方式表现故事情节。

### (三)社会

知道某些经过处理的花朵才可进行食用,乐意与同伴共同进行简单的烹饪制作;认识常见的几种鲜花,了解其花语,乐意通过手工制作等方式向亲人表达祝福和问候;感受春天的季节特征,爱护动植物,具有热爱大自然的美好情感;懂得分享和谦让,会使用礼貌用语与他人交往。

**(四) 科学**

认识空气炸锅,学习空气炸锅的使用方法;初步认识花的结构,分析、归纳花的种类和特点;对大自然感兴趣,珍惜生命,热爱大自然;感知数学在生活中的应用,尝试用数学的方法解决生活中的问题。

**(五) 艺术**

接触大自然,感受和欣赏美丽的景色和好听的声音;乐意参与歌唱活动,用自然声音演唱歌曲,不走调;体验合唱、小组唱等歌唱形式;能用律动或简单的舞蹈动作表达自己的情感或对自然界的感受;尝试用多种方式表现花的形态,注意构图和色彩搭配;会综合使用各种美工材料进行有主题的创作;学习评价自己和同伴的作品,具有初步的美感和审美能力。

# 三 概念图谱

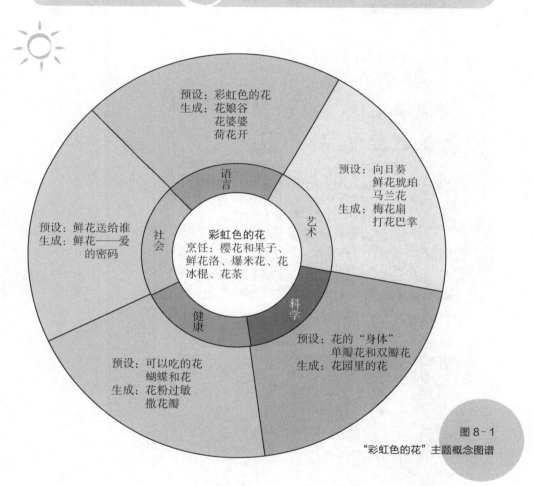

预设：彩虹色的花
生成：花娘谷
　　　花婆婆
　　　荷花开

预设：向日葵
　　　鲜花琥珀
　　　马兰花
生成：梅花扇
　　　打花巴掌

语言

艺术

社会

彩虹色的花
烹饪：樱花和果子、
鲜花洛、爆米花、花
冰棍、花茶

预设：鲜花送给谁
生成：鲜花——爱
　　　的密码

健康

科学

预设：花的"身体"
　　　单瓣花和双瓣花
生成：花园里的花

预设：可以吃的花
　　　蝴蝶和花
生成：花粉过敏
　　　撒花瓣

图 8 - 1
"彩虹色的花"主题概念图谱

# 四 环境创设

## （一）活动室环境

图 8-2
活动室一角

图 8-3
活动室一角

### （二）区域环境

#### 1. 语言区

提供花朵的结构图片，帮助幼儿了解花的特征和生长过程；提供与主题相关的图书和教玩具。

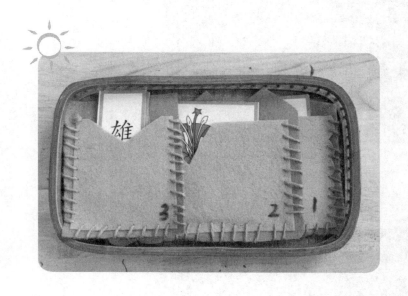

图 8-4
语言区一角

#### 2. 烹饪区

提供煎锅、干花、面粉、鸡蛋、蜂蜜等烹饪工具和食材；提供制作食物的步骤图。

#### 3. 数学区

投放"花朵排序"等教具，巩固幼儿对序列的认识。

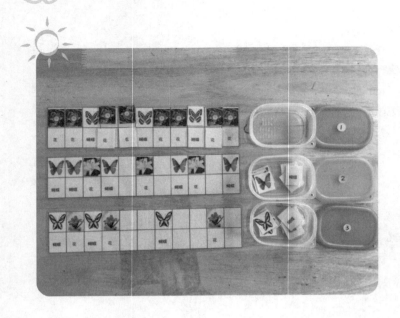

图 8-5
教具之一

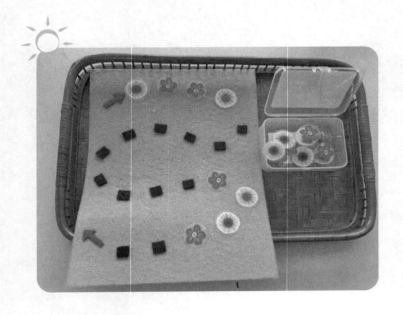

图 8-6
教具之二

**4. 表演区**

添置花环、手环、蝴蝶翅膀等,让幼儿活动时可以扮演花仙子。

**5. 种植区**

提供向日葵等花的种子及水壶、小铲子等,供幼儿种植活动用。

## 五　活动设计

### 语言活动:彩虹色的花

**(一)活动目标**

1. 熟悉故事情节,深入体会角色的情绪和心理变化

2. 尝试利用各种材料制作表演道具,综合运用语言、动作、表情等表现角色的形象特征

3. 乐意与同伴合作,感受表演带来的乐趣

**(二)活动准备**

(1)物质准备:《彩虹色的花》PPT,旧报纸,卡纸,海绵纸,KT 板,彩带,蜡笔,剪刀,透明胶,双面胶,松紧带,订书机,胶枪,舞台背景,柔和的背景音乐。

(2)经验准备:幼儿熟悉故事《彩虹色的花》。

**(三)活动过程**

1. 播放《彩虹色的花》PPT,复习故事内容

(1)回忆故事情节,梳理人物对话。

师:小朋友们,还记得《彩虹色的花》这个故事吗?我们一起来回忆一下故事里讲了些什么。

(2)小结故事内容。

师:彩虹色的花遇到了几只小动物?这些小动物都遇到了什么困难?彩虹色的花是怎么帮助它们的?你喜欢彩虹色的花吗?为什么?

2. 制作道具，商讨表演分工

（1）自由组合（8 人为一组），分组制作表演道具。

每组幼儿利用旧报纸、卡纸、海绵纸、KT 板等材料制作出花、太阳、蚂蚁、蜥蜴、老鼠、小鸟、刺猬等道具。

（2）分析角色形象，讨论角色分工。

每组幼儿对角色进行分析揣摩，确定组内每个人扮演的角色。教师鼓励幼儿在熟练掌握台词的基础上，加上丰富的表情、肢体动作，让角色更生动、形象。

3. 分组进行故事表演

（1）教师介绍演员和观众的注意事项（演员上场、下场的方向，谢幕的方式；观众在观看过程中要保持安静，结束时鼓掌等）。

（2）每组幼儿轮流上场进行故事表演。

4. 小结与评价

师：今天小朋友用自己制作的道具进行故事表演，我觉得特别了不起！你喜欢今天的表演吗？能分享一下你的感受吗？你最喜欢哪一组的表演？为什么呢？

（执教者：龙艳）

## 健康活动：可以吃的花

### （一）活动目标

1. 了解花的各种用途，知道花既可以美化环境也可以用来食用

2. 能说出常见的花类食物，并进行简单的分类

3. 了解花类美食对人体健康的功效，乐意制作和品尝花类食物

### （二）活动准备

（1）物质准备：常见的花的食物图片（做成 PPT）。

（2）经验准备：幼儿已学习《花开词》，对花的种类有一定的了解。

### （三）活动过程

1. 复习《花开词》，回忆见过的花

师：小朋友，还记得《花开词》吗？里面说了哪些花？它们是什么样子的？你

最喜欢什么花,为什么?

2. 通过 PPT 中的图片启发幼儿思考花的用途

师:你在哪里见过花? 花可以用来做什么? 对了,花不仅可以使我们生活的环境变得更美,而且有些花还可以用来吃呢! 你吃过哪些花做的食物呢?(桂花糕、菊花茶、玫瑰花茶、樱花果冻、霸王花汤等)

3. 引导幼儿通过操作 PPT 课件,区分能吃的花与不能吃的花

4. 了解花类食物及其对人体的功效

(1)认识可食用的花,如:桂花、霸王花等。

(2)了解可饮用的花,如:玫瑰花、菊花、茉莉花,这些花晒干之后可以泡茶饮用,具有美颜排毒的作用。

(3)了解可供药用的花,如:杓兰、鸡眼花、三七花、鸢尾花等,这些花可以制作成药来使用。

(4)还有些花可以做成美味的点心,如做成花见果子、鲜花洛等。

### (四)延伸活动

回家和爸爸妈妈收集更多花的资料和小朋友们分享。

(执教者:何恺琳)

## 体育活动:蝴蝶和花

### (一)活动目标

1. 在一定范围内四散追逐跑

2. 学习分角色并按照数字结伴进行游戏

3. 遵守活动的规则,乐意和同伴共享空间

### (二)活动准备

蝴蝶的头饰 3 个,花的头饰 6 个;音乐《蝴蝶》。

### (三)活动过程

1. 开始部分——结伴游戏

根据教师的语言提示或者是手势的暗示快速而且正确结伴。

师：春天鸟语花香,猜猜谁飞来了？现在你们变成一朵一朵鲜艳美丽的小花,要根据老师说出的数字找到朋友。如：我说"3",你们就要凑够3个小朋友抱在一起。

2. 基本部分

(1)交代游戏规则与玩法。

游戏玩法：老师当蝴蝶,小朋友当花朵,蝴蝶在花园里飞来飞去,花朵就要躲来躲去,不能让蝴蝶追到。

重点强调：在活动场地里跑的时候一定不能撞到别人,学会找空的地方。

(2)尝试进行游戏。

第一次：老师当蝴蝶,小朋友当花朵。

第二次：老师请个别幼儿当蝴蝶,其余幼儿当花朵。

第三次：更换花朵和蝴蝶的角色,再次开展游戏。

(3)难度升级：即时改变蝴蝶和花朵的角色。如听到"变变变,蝴蝶变成花",就进行角色互换。

3. 结束部分

播放音乐《蝴蝶》,引导幼儿随着音乐,扮演蝴蝶在场地上自由地翩翩起舞做放松运动。

(执教者：钟晓琳)

## 社会活动：鲜花——爱的密码

### (一)活动目标

1. 知道每年3月8日是妇女节,会向家中的女性表达节日的问候

2. 了解几种常见花的花语,学习简单的插花方式

3. 增进与家人的沟通、交流

### (二)活动准备

(1)家长自备一束鲜花在活动当天带来幼儿园。

(2)花泥、塑料包装纸、拉花、卡通铅笔等物品。

（3）邀请函，活动横幅，花艺图片做成的 PPT，一体机。

（4）活动当天浸泡花泥，准备小剪刀（幼儿人手一把）、绿色盒、桌布、桌子、抹布。

### （三）活动过程

1. 介绍节日的含义及开展此活动的意义

师：三八妇女节是哪些人的节日？你会怎样向妈妈、姑姑或奶奶表达祝福？

2. 请个别幼儿介绍自己带来的花

师：你带来了哪些花？每一种花都有它专属的花语，你带来的花它的花语是什么？

3. 花语小竞答

答对的幼儿奖励卡通铅笔一支。

4. 亲子一同欣赏插花作品，了解插花艺术

5. 亲子插花

教师巡回指导（介绍插花的材料、工具，引导家长、幼儿安全使用各种工具及正确处理垃圾）。

6. 欣赏作品，活动小结，合影留念

图 8-7 亲子插花

（执教者：龙艳）

## 科学活动：花的"身体"

### （一）活动目标

1. 了解花的结构，知道花是由花萼、花冠、雄蕊和雌蕊组成的

2. 观察花的实物与图片，初步分析、归纳花的不同特点

3. 对大自然感兴趣，珍惜生命，热爱大自然

### （二）活动准备

不同种类花的图片并做成 PPT。

### （三）活动过程

1. 图片导入

观察紫荆花。

师：春天到了，到处开满了鲜艳美丽的花朵。小朋友们见过这种花吗？你们知道它叫什么吗？（紫荆花）请你们仔细观察这朵花，你能看到花朵的各个不同部分吗？（请幼儿描述花朵颜色、形状、大小）

师：你们看，花瓣不同部位的颜色有没有深浅的变化？闻起来气味怎样？不同部位摸上去的感觉一样吗？（请幼儿比较不同种类的花之间的差异）

2. 观看花的结构图，认识花的"身体"各个部位的名称

师：每种花的外形虽然看起来都不同，但大多数花都由四个部分组成：雄蕊、雌蕊、花萼、花冠。（边说边指出花朵相应部分）

雄蕊是花朵的雄性部分，雌蕊是花朵的雌性部分，雄蕊和雌蕊都是帮助花朵长出种子的部分。有的花，如樱桃花，只有一个雌蕊；而有的花，如芙蓉花，一朵花里就有许多雄蕊和雌蕊。

花萼是一些小小的、绿色的叶状物，在花开放之前它们包裹着花蕾；当花朵开放后，萼片就在花瓣外面，靠近花茎。

花冠是花朵开放时绽放出来的部分，花冠通常有鲜艳的颜色。

3. 了解花授粉的过程

师：花通常都很漂亮，色彩缤纷，许多花还散发着芳香。为什么花会有鲜艳的颜色和浓郁的芳香呢？（因为鲜艳的颜色和浓郁的芳香能把蜜蜂和蝴蝶引来，蜜

蜂和蝴蝶可以帮助花朵繁殖)

师:雄蕊顶上黄色的粉末叫花粉,花粉能帮助植物结出种子。蜜蜂和蝴蝶光顾花朵是为了得到花蜜和花粉。一朵花的花粉粘在昆虫的身体上,当这只昆虫飞到另一朵花上时,花粉就留在了那朵花上,这就叫授粉。大多数花在结籽之前都需要授粉。

4. 结束部分

师:现在我们去校园观察幼儿园的花朵吧!

(执教者:钟晓琳)

## 音乐活动:马兰花

### (一)活动目标

1. 复习歌曲《马兰花》,感受固定节奏型 ×× ×|×× ×|

2. 能用身体动作表现节奏型,尝试用非洲鼓为歌曲伴奏

3. 乐意与同伴合作,感受表演带来的乐趣

### (二)活动准备

(1)物质准备:歌曲《马兰花》,播放器,节奏图谱,非洲鼓。

(2)经验准备:幼儿有打节奏的经验,熟悉歌曲《马兰花》。

### (三)活动过程

1. 复习歌曲,导入活动

师:小朋友们,还记得《马兰花》这首歌吗? 我们一起来复习一下吧!

2. 分析歌曲节奏,掌握固定节奏型 ×× ×|×× ×|

(1)用身体动作表现节奏型。

师:小朋友们,我们用拍掌的方式为歌曲伴奏,感受一下歌曲中出现最多的节奏型是哪种?

师:除了用拍手表现节奏,我们还可以用哪些身体动作来表现这个节奏型?

(2)学习用非洲鼓拍击固定节奏型 ×× ×|×× ×|。

师:小朋友们,大家对这个节奏型都很熟悉了,现在我们来挑战一下,试试用

非洲鼓把固定节奏型拍出来好吗？

3. 学习用非洲鼓演奏《马兰花》

（1）出示节奏图谱，教师示范用非洲鼓为歌曲进行伴奏。

（2）幼儿自由探索，尝试看节奏图谱拍非洲鼓。

（3）播放歌曲，引导幼儿用非洲鼓为整首歌曲进行伴奏。

（4）幼儿分成两组演奏，交换1—2次。

（5）幼儿合奏。

4. 小结与评价

师：今天小朋友们掌握了《马兰花》的固定节奏型，能用身体动作表现这个节奏型，还能用非洲鼓为歌曲伴奏，我觉得你们非常了不起！你们喜欢今天的节奏活动吗？能说说你的感受吗？

（执教者：龙艳）

## 美术活动：鲜花琥珀

### （一）活动目标

1. 对鲜花琥珀感兴趣，认识制作材料

2. 大胆尝试用速干胶制作鲜花琥珀

3. 体验给妈妈设计、制作礼物的快乐

### （二）活动准备

（1）教师提前做好的鲜花琥珀。

（2）干花，亮片，速干胶水，各种模具，一次性手套，镊子，塑料杯。

### （三）活动过程

1. 谈话导入

师：小朋友你们知道五月的第二个星期天是什么节日吗？（母亲节）

（1）出示色彩斑斓的花朵图片。

师：小朋友，你们觉得妈妈喜欢什么？（幼儿自由讲述）

师：你们的妈妈喜欢什么颜色的花？（幼儿能把自己妈妈喜欢的花说出来）

师：老师这里有一些干花，你们觉得这些干花可以做成什么样的礼物呢？（幼儿自由地讲述）

（2）幼儿观看鲜花琥珀。

师：你觉着这些鲜花琥珀好看吗？谁能说说它们是怎么制作出来的？（幼儿仔细观察，自由地讲述）

师：它们是用速干胶和模具做出来的。

2. 教师示范制作鲜花琥珀

（1）介绍制作材料。

（2）教师示范。

① 选择自己喜欢的模具、大小合适的干花，注意色彩搭配。

② 用镊子将选好的干花夹入模具中放好，撒上亮片。

③ 倒入速干胶水，抖动模具将胶水中的气泡释放，等待晾干。

3. 幼儿动手操作

在幼儿操作的过程中，教师来回巡视，对不会操作的幼儿进行个别的辅导，也可以让完成的小朋友辅导其他不会的小朋友。

4. 活动结束

师：小朋友的鲜花琥珀都已经做好了，现在我们只需要耐心等待它们干透就可以了。

## （四）延伸活动

幼儿将做好的鲜花琥珀穿到手机链上，做成别致的琥珀手机链送给妈妈。

（执教者：龙艳）

## 美术活动：梅花扇

### （一）活动目标

1. 初步感受梅花的外形特征和丰富的色彩

2. 尝试用水粉颜料表现出梅花的形态，注意构图和色彩搭配

3. 初步懂得欣赏和评价作品，具有观察和审美能力

### （二）活动准备

梅花图片，白色折扇，黑色、玫红色、红色、粉红色颜料，水粉笔。

### （三）活动过程

1. 引导幼儿回忆已有经验，激发幼儿的学习兴趣

师：你们见过梅花吗？梅花有些什么颜色？它的花枝是怎样的？

2. 观察图片，引导幼儿欣赏梅花的花枝形态和颜色

师：今天老师带来了一些梅花的图片，我们一起来看一看。梅花有哪些颜色？花瓣是怎样的？花枝又是怎样的？

小结：梅花的种类很多，有红梅、白梅、黄梅，还有些梅花的花瓣是粉色的，梅花的枝干是弯曲蜿蜒的。

3. 教师示范梅花的画法，幼儿仔细观察

师：我们今天来试一试在扇子上画梅花。轻轻打开扇子，光滑的一面就是扇面，在扇面上先画上枝干，再用点画的方法添上花朵。

4. 教师交代要求，幼儿尝试学画梅花。

师：先在扇面上画好枝干，注意构图要丰满，画好枝干后再添上花朵。

5. 分享评价

师：你最喜欢哪一把梅花扇，为什么？

图8-8　幼儿正在绘制梅花扇

## （四）活动延伸

把梅花扇放在主题墙上进行展览。

（执教者：房丽娜）

## 烹饪活动：樱花和果子

### （一）活动目标

1. 认识食材，了解量杯、量勺的使用方法
2. 学习制作樱花和果子，能专注于烹饪过程
3. 乐于动手合作，具有热爱生活的美好情感

### （二）活动准备

（1）食材：盐渍樱花、白凉粉、白糖。
（2）工具：量杯、量勺、碗、勺子。

### （三）活动过程

1. 品尝味道，认识食材

老师拿出事先做好的甜品呈现在孩子面前时，有的小朋友说是果冻，有的小朋友说是凉粉。老师请孩子们用自己的小勺子品尝一下，孩子们都觉得很好吃，纷纷问这种甜品是怎么做出来的。于是，老师引导孩子认识了制作樱花和果子需要的材料：白凉粉、盐渍樱花和白糖。

2. 师幼一同制作樱花和果子

（1）准备食材。

教师先引导幼儿将盐渍樱花的盐分洗掉，用水泡开，备用。然后用量勺量出 2 克的白凉粉、1 克的白糖放入碗中，再用量杯量出 50 毫升的温水，倒入凉粉和白糖混合物中搅拌，使其溶化。使用量杯和量勺时，小朋友们非常认真，仔细观察刻度。

（2）使用模具造型。

幼儿将溶好的液体倒入模具中，将盐渍樱花放入其中，在老师协助下将模具放入冰箱中冷藏，使其凝固。

3. 分享美味的甜品并交流制作经验

图 8-9　幼儿正在制作樱花和果子

图 8-10　樱花和果子成品

（执教者：何恺琳、龙艳）

## 烹饪活动：鲜花洛

### （一）活动目标

1. 认识洛神花、银耳、莲子等食材

2. 学习制作鲜花洛，掌握制作的方法和技巧

3. 乐于动手合作，体验分享带来的快乐

### （二）活动准备

（1）食材：银耳、莲子、红枣、洛神花、冰糖。

（2）工具：锅、电磁炉、碗、勺子。

### （三）活动过程

（1）认识糖水——鲜花洛，老师介绍食材和制作方法。

（2）浸泡、清洗食材。

在老师引导下，幼儿将银耳和洛神花用水泡开备用，再将红枣和莲子清洗、去核，并把每一粒莲子都掰成两半，仔细去掉绿色的芯，然后再将泡发好的银耳撕成小块。

(3) 幼儿将银耳、红枣、莲子、百合、洛神花、冰糖等放入锅中,并加入适量的纯净水,在老师的协助下打开电磁炉开始加热。

(4) 美味的鲜花洛制作好了,我们一起分享吧!

(执教者:钟柳春、龙艳)

## 烹饪活动:爆米花

### (一)活动目标

1. 认识空气炸锅,了解空气炸锅的使用方法

2. 掌握制作爆米花的方法

3. 喜欢参加烹饪活动,体验劳动带来的成就感

### (二)活动准备

(1) 食材:玉米粒 30 克、黄油 30 克、糖粉 30 克。

(2) 工具:空气炸锅、锅铲、勺子、切板、黄油刀、隔热手套、盘子、吸油纸。

### (三)活动过程

1. 谈话引入

孩子们,你们吃过爆米花吗? 知道爆米花是用什么原材料做出来的吗? 怎样做出来的?

2. 引导认识空气炸锅,了解空气炸锅的使用方法

3. 教师带领幼儿制作爆米花

(1) 加热锅面,放黄油。

孩子们在老师的提示下,接通爆米花机的电源,加热锅面。锅面加热后,将黄油放入锅里,然后关掉电源(为避免油温过高溅油),小心翼翼地用锅铲将黄油均匀地抹在锅面上。

(2) 加入玉米粒,启动爆米花机。

往锅里加入适量的玉米粒,用铲子将玉米粒和黄油搅拌均匀,盖上盖子,接通爆米花机的电源。随着锅里温度的升高,玉米粒开始“啵啵啵”爆炸开来。“老师,爆米花好像在跳舞!”“好像在放鞭炮哦!”“好像打机关枪的声音!”孩子们乐得开怀大笑。

4. 加糖粉

锅中的玉米逐渐变成了爆米花，幼儿将糖粉从锅盖顶部的缝隙中均匀撒入，等爆米花逐渐由白变淡黄色就可以出锅了。

5. 分享香喷喷的爆米花

图 8-11　幼儿正在撒入糖粉

（执教者：龙艳）

## 六　资源共享

家长协助幼儿收集鲜花种子回园进行种植活动；带幼儿参观花市，了解鲜花的品种，尝试用文字图画等进行简单的记录。幼儿轮流带鲜花回班进行插花工作。教师组织春游活动，了解鲜花的品种，进行统计和分类；开展"三八节"亲子活动，邀请家长和孩子一起插花。

主题绘本资源：《彩虹色的花》《花婆婆》《花娘谷》《玫瑰花开》。

## 七　课程赋能

在主题活动中,幼儿通过社会活动"花市大调查",和父母一同逛花市,认识了各种常见鲜花;通过科学活动认识了花的结构;通过语言活动"彩虹色的花",感知了彩虹色的花乐于助人的美好品质,了解了季节更替与植物生长的关系;通过数学活动认识了 10 以内单数、双数,感知理解单数、双数的实际意义;通过煮花茶、做樱花和果子、爆米花、花冰棍等烹饪活动,不仅提高动手能力,社会性也得到了发展……寓教于乐的学习方式让孩子的探究始终意兴盎然、意犹未尽。

第五章

# 大概念课程的智慧

大概念课程具有超越时空的价值，现世性和功利性不是大概念课程的价值取向，它的方法论和价值论能帮助儿童确定超越当下走向未来的线索和方位，它预示了一种无可辩驳的课程发展趋势：从知识中心向主题中心迈进。

# 设计 9

## 爱吃水果的牛

### 一　主题聚焦

图书区的绘本《爱吃水果的牛》引起了孩子们的注意,他们一边翻阅一边七嘴八舌地议论:"这头牛喜欢吃草莓!它还吃西瓜呢!""吃完以后它就会挤出草莓牛奶、西瓜牛奶!"涵涵提出一个疑问:"牛不是喜欢吃草吗?为什么会吃水果,还挤出水果牛奶呢?怎么可能有这么神奇的事情?"炜炜反驳说:"我们平时也喝过草莓味的牛奶呀!我觉得就是因为牛吃了草莓,所以就挤出草莓味牛奶了!"孩子们的讨论引起了老师的思考:牛奶是孩子日常生活中不可缺少的营养品,但很多孩子却没有见过奶牛,哪种牛会产下有营养的牛奶?牛到底吃不吃草莓?吃了草莓会不会产出草莓味牛奶?……顺着孩子们讨论的话题,我们一同走进了"爱吃水果的牛"主题活动,探索关于奶牛和牛奶的秘密。

### 二　活动目标

#### (一) 健康

了解牛奶和水果的营养,知道喝牛奶、吃水果有利于身体生长;愿意每天喝牛奶和吃水果;学会科学地喝牛奶,知道怎样喝牛奶更健康;认识常见的奶制品,纯牛奶、酸牛奶、果奶等,区分纯牛奶和牛奶饮品,了解它们的差异;模仿牛做钻、爬、跑、跳等动作,提高机体的灵活性;具有不怕困难、勇于挑战的品质和自我保护的意识。

#### (二) 语言

养成文明的语言习惯,说话声音自然,音量适中;阅读《爱吃水果的牛》等绘本故事,感受故事的趣味性,具有良好的阅读习惯;能用语言表达自己的意愿及见闻,通过与同伴交流、分享,提高表达能力;学习创编并制作自己的故事小书。

### (三)社会

参观奶牛养殖场,接触和认识与自己生活关系密切的职业,懂得尊重别人的劳动;乐于接受主题活动中的任务,愿意与同伴共同探究,能用恰当的方式表达各自的发现,乐意分享交流;能分辨对与错,能按基本的社会行为规则行动;喜欢参加游戏和各种有益的活动,获得快乐、自信等体验。

### (四)科学

对牛产生兴趣,了解牛的外形特征,认识不同种类的牛;有好奇心,对奶牛和牛奶产生研究探索的兴趣,积极主动寻求答案;喜爱动植物,亲近大自然,关心周围的生活环境;在观察一种物体或多种物体特征的基础上,对物体进行分类。

### (五)艺术

学习用正确的姿势、自然的声音歌唱,基本做到吐字清楚、唱准曲调和节奏;喜欢欣赏音乐,初步感受理解形象鲜明的歌曲、器乐曲及舞蹈的内容和情感;喜欢涂涂、画画,能集中注意力完成作品;能用多种工具、材料或不同的表现手法表达自己的感受,具有想象力;喜欢参加艺术活动。

## 三　概念图谱

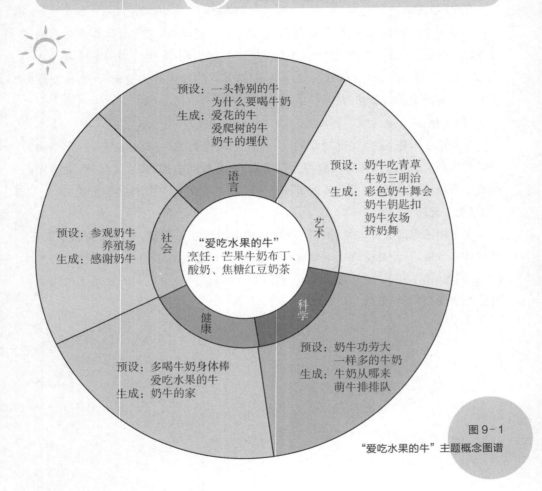

图9-1

"爱吃水果的牛"主题概念图谱

# 四 环境创设

## （一）活动室环境

图 9-2
活动室一角

图 9-3
活动室一角

## （二）区域环境

### 1. 语言区

投放关于农场、奶牛、牛奶的书籍和亲子自制绘本等。

图9-4
语言区一览

### 2. 烹饪区

提供搅拌机、草莓、牛奶等烹饪工具和食材；提供木瓜牛奶、紫薯牛奶等烹饪活动的制作流程图。

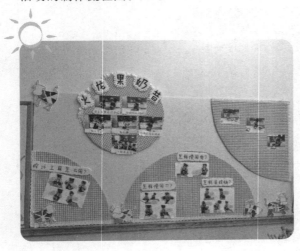

图9-5
烹饪区一角

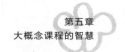

**3. 日常操作区**

提供挤牛奶、奶牛拼图等教玩具。

**4. 表演区**

添置奶牛服装、道具；提供跟主题相关的歌曲。

## 五　活动设计

### 语言活动：一头特别的牛

**(一) 活动目标**

1. 感知并理解故事内容，初步了解牛奶的营养价值

2. 认识"苹果""葡萄""香蕉""桃子"等汉字，能理解文字所表达的意义

3. 喜欢听故事，感受阅读带来的乐趣

**(二) 活动准备**

《爱吃水果的牛》PPT，奶牛图片，游戏卡，铅笔，橡皮擦。

**(三) 活动过程**

1. 出示奶牛的图片，导入活动

师：今天老师请来了一位特别的朋友——奶牛，你们知道奶牛最爱吃什么吗？它对人类有什么贡献？

小结：奶牛最爱吃草，奶牛可以产奶，牛奶含有丰富的蛋白质，可以帮助小朋友长高、变强壮。

2. 播放《爱吃水果的牛》PPT，帮助幼儿理解故事情节，感受故事的趣味性

师：有一头奶牛，它很特别，不爱吃草，却爱吃水果。我们一起来看看是怎么回事好吗？

师：主人每天都喂奶牛吃什么呢？当主人生病时，奶牛是怎样照顾主人的？为什么主人喝了草莓牛奶后病就好了？

小结：当人生病时，要多喝牛奶，多吃水果。牛奶中含有丰富的营养，水果中含有丰富的维生素 C，能让人更快恢复健康。

3. 识字游戏："水果连连看"

游戏玩法：幼儿每人一张游戏卡，将游戏卡中的水果图片与对应的"苹果""葡萄""香蕉""桃子"等汉字进行配对连线。

（1）幼儿自由连线，完成配对。

（2）两两相互检查，验证结果。

（执教者：罗玉儿）

## 语言活动：为什么要喝牛奶

### （一）活动目标

1. 知道牛奶的营养价值，懂得牛奶对人体生长发育的重要性

2. 能大胆在集体中用清晰连贯的语言进行表述

3. 养成天天喝牛奶的好习惯

### （二）活动准备

家长协助幼儿共同完成关于牛奶营养方面的调查表、奶制品的 PPT、牛奶片、自定食谱表格、彩色笔。

### （三）活动过程

1. 导入部分

教师出示好吃的牛奶片，引发幼儿对牛奶的讨论。

2. 幼儿自由讨论

幼儿讨论牛奶的营养价值，并思考奶制品有哪些。

3. 分享关于牛奶营养的调查表

（1）请幼儿把已完成的调查表内容与同伴分享，介绍牛奶的营养价值及自己知道的奶制品有哪些。（教师引导幼儿大胆表述，注意语言要连贯清晰）

（2）教师小结：牛奶的营养很丰富，且很容易被人体消化吸收。牛奶含钙量高，小朋友对钙的需要量比较大，因此要常喝牛奶补充身体中的钙，这对骨骼的生

长有很大作用。

4. 讨论：有的小朋友为什么不喜欢喝牛奶

（1）教师尝试提问班级中不喜欢喝牛奶的小朋友，让他们说出不喜欢喝牛奶的原因。

（2）观看奶制品 PPT 课件，引导不喜欢喝牛奶的幼儿积极尝试喝牛奶。

5. 制定自己的牛奶食谱并进行分享交流

幼儿根据教师提供的材料安排自己一周的营养食谱。重点引导幼儿每天要做好喝牛奶的计划。

（执教者：罗玉儿）

## 健康活动：多喝牛奶身体棒

### （一）活动目标

1. 初步了解牛奶的营养成分、种类及生产过程，知道喝牛奶对身体有好处

2. 感知比较低温鲜奶和常温鲜奶的区别，会将牛奶与其他食物进行搭配

3. 喜欢喝牛奶，养成良好的饮食习惯

### （二）活动准备

"牛奶的功效与作用"视频、PPT，"牛奶的生产"视频，低温鲜奶，常温鲜奶，杯子，游戏图卡。

### （三）活动过程

1. 谈话导入

师：小朋友，我们每天都会喝牛奶，可是你们知道牛奶是怎么来的吗？牛奶里有哪些营养成分呢？

2. 播放"牛奶的功效与作用"视频与 PPT，帮助幼儿了解牛奶中的营养成分

小结：牛奶中含有矿物质、蛋白质、脂肪、乳糖、磷脂、无机盐、钙、磷、铁、锌、铜等多种营养素，可以帮助孩子长高、变强壮。

3. 播放"牛奶的生产"视频，了解牛奶的品种和生产过程

4. 感知对比低温鲜奶和常温鲜奶的区别

（1）通过触摸包装盒感受两种鲜奶温度上的差异。

（2）通过品尝感受两种鲜奶口味上的差异。

5. 互动游戏：我的美味早餐

玩法：幼儿每人一份游戏图卡，自由地将牛奶与其他食物进行搭配，如：牛奶配馒头、牛奶配蜂蜜、牛奶配包子等。完成配对后向同伴讲述这样搭配的原因。幼儿可以相互交换不同的图卡进行游戏。

6. 师幼总结

牛奶营养丰富，能帮助小朋友长高，还可以让我们的身体更强壮。在喝牛奶时，我们可以搭配其他食物，这样吃起来更美味。

### （四）活动延伸
与奶牛养殖场联系，开展参观奶牛养殖场亲子活动。

（执教者：罗玉儿）

## 社会活动：参观奶牛养殖场

### （一）活动目标
1. 实地了解、感知奶牛的外形特征、生活习性

2. 了解挤奶的操作过程和牛奶的加工过程，能大胆地与奶牛养殖场工作人员进行交流

3. 积极参与活动，具有爱护动物的意识

### （二）活动准备
（1）教师在活动前给幼儿做好安全教育工作，明确到达奶牛养殖场时的相关要求。

（2）通过班级家委与风行奶牛养殖场的工作人员提前约好参观的时间。

### （三）活动过程
（1）讨论参观奶牛场的注意事项及要求。

① 师：今天我们一起去风行奶牛养殖场参观，到了奶牛场我们应注意什么呢？

② 让幼儿回忆老师出发前提出的参观养殖场的要求。

③ 教师总结：我们到了奶牛场要仔细观察，有什么不懂的问题可以随时问奶牛场的叔叔阿姨，说话要小声点，不要让奶牛受到惊吓。

（2）参观奶牛养殖场，采访奶牛养殖场的叔叔。

（3）观看挤奶过程。

（4）参观牛奶加工车间，听讲解员讲解牛奶的加工过程。鼓励幼儿主动向讲解员提出自己的疑问。

（5）品尝牛奶。

（6）师幼小结参观中的所见所闻。

图9-6 幼儿在奶牛场工作人员的陪同下参观

（执教者：罗玉儿）

## 科学活动：奶牛功劳大

### （一）活动目标

1. 认识奶牛，初步了解奶牛的外形特征及生活习性

2. 理解故事内容，感知人类与动植物和环境之间的关系，懂得要保护环境，爱护动植物

3. 感知奶制品的丰富多样性，乐意探究问题，寻找答案

## （二）活动准备

（1）物质准备：绘本《奶牛派尼傲》，奶牛视频，牛奶，一次性纸杯，歌曲《小奶牛》，播放器。

（2）经验准备：幼儿提前收集 2—3 样喜欢的奶制品。

## （三）活动过程

1. 请幼儿品尝牛奶，导入活动

师：牛奶的味道怎么样？你还喝过哪些味道不一样的牛奶？这么好喝的牛奶是从哪里来的？

2. 播放视频，认识奶牛

师：奶牛长什么样儿？它喜欢吃什么？奶牛有什么本领？（产奶）喝牛奶对人的身体有什么好处？

小结：奶牛是吃青草的，通过体内消化和转换，就能挤出新鲜营养的牛奶。小朋友们坚持喝牛奶能促进骨骼的发育，让身体长高、变强壮。

3. 欣赏绘本故事《奶牛派尼傲》，懂得要保护环境，爱护动植物

师：奶牛派尼傲生活在哪里？为什么生活在农场？派尼傲为什么生气？后来发生了什么事情？

小结：奶牛心情的好坏会影响它产出的奶量和口味。不仅仅是奶牛，每一种动物、植物都拥有宝贵的生命，我们要保护好它们生存的环境，不随意伤害动物，不破坏花草树木。

4. 介绍奶制品，感知奶制品的多样性

师：牛奶可以做成很多好吃的东西，请小朋友向小伙伴介绍一下你收集的奶制品吧！

5. 播放歌曲《小奶牛》，引导幼儿用动作自由表达对奶牛的赞美之情

（执教者：钟思婷）

## 数学活动：一样多的牛奶

## （一）活动目标

1. 初步感知生活中的容积守恒现象

2. 积极动手操作,探索容积守恒的奥秘

3. 体验数学学习带来的乐趣

### (二)活动准备

(1)材料准备:米、水、沙各若干,大、小杯子若干,粗、细杯子若干,量杯若干,矿泉水瓶若干,透明胶,操作表。

(2)经验准备:了解体积守恒。

### (三)活动过程

1. 谈话导入

师:牛奶是我们生活中的好朋友,每天喝牛奶可以让我们的身体变得棒棒的,今天我们就来做一做和牛奶有关的小实验吧!

2. 自由探索,感知牛奶的多少与水面高低的关系

每人一个相同的小杯子,按自己的需要取牛奶,然后把杯子按牛奶的多少有序地排成一排。观察并比较:谁的牛奶多,谁的牛奶少。

师:为什么有的小朋友杯子里的牛奶多,有的小朋友杯子里的牛奶少?

小结:杯子一样大的情况下,水面越高,牛奶越多;水面越低,牛奶越少。

3. 探索发现

等量的牛奶放在大小不同的容器中,量不变。

每人再拿一个大号杯子,引导幼儿比较:两个杯子有什么不一样?(一个大、一个小、一个高、一个矮)

师:如果把小杯子中的牛奶倒进大杯子中,水面高低会发生什么变化,水是否会增加或减少?

讨论并小结:一样多的牛奶放在小杯子中,水面高一些;放在大杯子中,水面低一些。无论放的杯子是大是小,牛奶的总量不改变。

4. 分组活动,在操作中认知容积守恒

第一组:量米。每人粗细不同的杯子各一个,量杯一个。通过反复装米、量米,比较发现:同样多的米装在粗细不同的两个杯子中,它们不会变多,也不会变少,还是原来那么多。

第二组:做沙漏。在矿泉水瓶盖上扎眼,瓶中装上适量的细沙,拧紧瓶盖,再拿一个空瓶与它口对口,然后用透明胶固定好。

第三组：完成操作表"涂一涂"。

重点指导幼儿安静操作，仔细观察实验过程及结果。

5. 收拾学具，交流小结实验结果

（执教者：钟思婷）

## 音乐活动：挤奶舞

### （一）活动目标

1. 了解蒙古舞的基本动作和特点，能够愉快地表现蒙古歌舞

2. 大胆模仿、创编挤奶舞的各种动作姿态，有节奏地舞蹈

3. 喜欢音乐游戏，感受音乐游戏的乐趣

### （二）活动准备

（1）材料准备：PPT、图片、音乐、蒙古风光片。

（2）经验准备：知道牛奶是从奶牛身上挤出的。

### （三）活动过程

1. 律动"草原小骏马"，导入活动

（1）伴随着音乐，欣赏草原风景，说说"内蒙古大草原上有什么"。

（2）律动表演：草原小骏马。出示图片，请幼儿个别示范动作，老师分析点评。

（3）播放音乐，集体律动。老师提问："什么时候奔跑？什么时候休息？"

（4）丰富提升：不同的骑马姿势和步伐。重点指导幼儿按节奏做出不同的骑马动作。

2. 音乐游戏：快乐的挤奶舞

（1）欣赏蒙古风光片，了解蒙古族人的生活。

师：草原上的人们会做些什么？

播放音乐，出示蒙古舞图片，最后图片呈现奶牛。

（2）大胆想象各种能让奶牛多产奶的方法并用动作表现。

师：你们有哪些好办法可以帮助奶牛产更多的奶，让它和你成为好朋友？

（3）孩子听音乐有节奏地用动作表现。

（4）教师将孩子创编的动作串联、组合起来，引导孩子一起舞蹈。

提示：提压手腕的动作做夸张一点。

（5）幼儿听音乐初步尝试做挤奶的动作。

（6）在比较观察中学习正确的挤奶动作，注意手腕的提和压。老师适当提示：轻轻提、往下挤。

（7）丰富各种挤奶的姿势。

师：挤奶的时候我们的姿势是怎样的？你觉得用怎样姿势挤奶你可以挤得稳、挤得多？（各个方向挤，立跪等姿势）

3. 听音乐，完整表演挤奶舞

重点指导幼儿学习蒙古族舞蹈提、压手腕的动作并大胆进行创编。

（执教者：钟思婷）

## 美术活动：彩色奶牛舞会

### （一）活动目标

1. 了解拓印的特点，观察不同的颜色混合一起所发生的变化

2. 能根据纸盘上颜色混合的不同选择奶牛的绘画方向、大小及造型

3. 感受不同形式的绘画方式，初步懂得欣赏自己及别人的作品

### （二）活动准备

（1）材料准备：白色纸盘，不同形状的塑料图形玩具，各种互补色的颜料，油性笔。

（2）经验准备：有利用物体进行拓印的经验。

### （三）活动过程

1. 分享拓印活动的经验

重点帮助幼儿小结：在一个画面中，需要注意互补色和对比色的使用，从而使画面效果更加突出、有颜色比对感及画面感。

2. 探索尝试哪两种颜色混搭配在一起会更好看

（1）幼儿可使用教师提供的图形玩具在白纸上拓印,尝试运用互补色和对比色,观察两种颜色混合在一起的效果。

（2）教师小结:要让画面感变得和谐,我们可以只选择一到两种图形拓印模子,颜色要选择对比色,这样颜料混合后的效果才能更鲜明。

3. 幼儿进行拓印

（1）情境导入。

师:森林里要举行新年舞会,小动物们都会打扮得漂漂亮亮去参加舞会。奶牛也受到了邀请,但是奶牛天生就穿着黑白的衣服,无论它再怎么打扮都不够漂亮。它因为这件事情而烦恼起来,变得非常沮丧。我们来帮奶牛设计一件彩色的衣服,让它美美地去参加舞会好吗?

（2）分发纸盘,教师讲解运用刚才玩拓印游戏的方法把白色的纸盘变成彩色。

（3）幼儿尝试拓印活动,教师观察,根据幼儿需要进行辅导及帮助。

（4）将拓印好的彩色纸盘晾干,然后让幼儿用油性笔在纸盘上画出奶牛的形态。

4. 作品欣赏

将作品展现在作品栏上,让每个幼儿介绍自己给奶牛设计的彩色衣裳,巩固幼儿对互补色和对比色的理解运用。

（执教者:罗玉儿）

## 烹饪活动:焦糖红豆奶茶

### （一）活动目标

1. 认识制作焦糖红豆奶茶的食材和用具

2. 掌握焦糖红豆奶茶的制作方法,在成人的帮助下能完成制作

3. 感受合作与分享带来的乐趣

### （二）活动准备

（1）食材:纯牛奶1升、红茶包4包、白砂糖100克、炼乳适量、红豆适量。（大概10人份的量）

（2）工具：电子秤、电磁炉、煮锅、锅铲、玻璃壶、隔渣网等。

**（三）活动过程**

（1）认识新的饮品——焦糖红豆奶茶，了解其制作过程。

（2）在老师的引导下，将相关食材和用具准备好。

图9-7　幼儿合作制作奶茶

（3）师幼共同制作焦糖红豆奶茶。

① 用电子秤称 100 克糖，倒入煮锅中。

② 制作焦糖——加热使糖溶化并变成褐色糖浆。（由于温度较高，此步骤由老师操作）

③ 在白糖溶化成褐色糖浆时倒入纯牛奶。糖浆遇冷会结成焦糖块，这时要不停地搅拌直至焦糖溶化。

④ 在牛奶中加入红茶茶包。

煮锅中的糖化开后，加入茶包到煮锅中泡着煮，边煮边搅拌让茶包的茶味能渗透到奶中。开最小的火慢慢煮，大概 10 分钟左右即可把茶包捞出。

⑤ 待奶茶稍凉后可倒入壶中，根据个人口味在奶茶中加入红豆或者西米等辅料。

（4）分享劳动成果，交流制作过程和体验。

（执教者：罗玉儿、廖碧英）

## 烹饪活动：芒果牛奶布丁

**（一）活动目标**

1. 观察芒果牛奶布丁的凝结过程，发现牛奶从液体变成固体的秘密

2. 尝试制作芒果牛奶布丁，掌握芒果牛奶布丁的制作方法

3. 喜欢烹饪活动，感受自我服务带来的成就感

**（二）活动准备**

（1）食材：牛奶 200 毫升、淡奶油 90 毫升、白砂糖 30 克、吉利丁粉 5 克、冷开水 20 毫升。（3 瓶玻璃瓶布丁的分量）

（2）工具：电磁炉、煮锅、锅铲子、电子秤、量杯、布丁瓶子、玻璃碗、模具等。

**（三）活动过程**

（1）认识制作芒果牛奶布丁所需要的食材和用具，并一一准备好。

（2）了解制作芒果牛奶布丁的步骤和方法。

（3）在老师指导下进行制作。

① 用电子秤称出相应克数的糖、吉利丁粉，用量杯量出相应容量的牛奶、淡奶油、水。

② 把称好的吉利丁粉倒入玻璃碗中，加入 20 毫升的冷水不断搅拌使其溶解。

③ 在煮锅中依次加入牛奶、淡奶油、糖。

④ 锅中牛奶加热到一定温度后，把搅拌好的吉利丁糊加入到牛奶中。

⑤ 倒入模具中，冷藏定型后加入芒果即可。

（4）分享美味的芒果布丁，感受劳动带来的喜悦心情。

图 9-8　幼儿正在搅拌

图 9-9　幼儿正在添加芒果

（执教者：罗玉儿）

## 六　资源共享

班级家委负责联系风行奶牛养殖基地,带领幼儿参观奶牛的养殖场,了解奶牛的生长过程及牛奶的生产过程。日常生活中,加深幼儿对奶制品的了解。亲子阅读拓展幼儿对牛的种类、外形特征、生活习性等方面的认识。每月开展一次亲子烹饪活动,邀请家长来园组织活动。

主题绘本资源:《爱吃水果的牛》《爱花的牛》《奶牛的埋伏》《爱爬树的奶牛》。

## 七　课程赋能

"爱吃水果的牛"主题活动缘于孩子对绘本故事中奶牛的好奇。我们通过丰富多彩的活动达到各领域的发展目标,孩子参与主题的积极性很高。在整个主题中,孩子对"参观奶牛养殖场"社会实践活动尤其感兴趣,他们近距离地观察体型庞大的奶牛,通过讲解员的介绍了解了奶牛的生长过程及现代挤奶的技术。孩子对主题相关的烹饪活动也意兴盎然,制作紫薯牛奶、焦糖红豆奶茶、芒果牛奶布丁、酸奶……每一次烹饪都能看到孩子在动手能力、合作能力、分享意识等方面的进步和发展。除此之外,绘本阅读、团体讨论、故事表演也推动着主题进程,让孩子始终保持热情对主题进行深入持续的探究。

# 设计 10
## 草莓点心

一　主题聚焦

《草莓点心》是日本画家佐佐木洋子编绘的绘本,画面鲜艳,采用了局部折叠的方式,生动地描绘了小河马去买草莓的经过,以风趣的方式教会孩子粗浅的知识,如:色彩、形状的联想,邮筒的认知,草莓点心的美味等。柔美的画风以及平和的故事内容深深吸引着孩子,顺着孩子的兴趣出发,我们将"草莓点心"作为主题开始了有趣的探索之旅。

二　活动目标

**(一) 健康**

知道不同颜色的食物对人体健康有不同的功效,愿意吃各种健康食品,不挑食。认识并学会处理一些常见的食材,学习搅拌、串、切等简单的烹饪技能,锻炼小手肌肉的灵活性和手眼协调能力;感知食物的营养价值,初步养成健康饮食的概念。锻炼跑、跳、钻、爬、平衡能力,发展动作的协调性、灵敏性;具有不怕困难、勇往直前的心理品质。

**(二) 语言**

爱说普通话,愿意分享交流自己搜集的信息,能大胆主动地在同伴面前介绍自己的所见所想;欣赏各种形式的文学作品,能尝试进行故事创编,具有想象力;能根据事物的特征进行联想,感受与同伴、老师一起交流的乐趣。

**(三) 社会**

乐意与同伴分享,在分享中使用礼貌用语并懂得谦让;知道有困难时寻求别人的帮助,懂得做事要认真;乐意与他人合作,具有一定的团队意识。

**（四）科学**

知道三原色相互搭配可以调出多种色彩;探索草莓的生长过程,体验观察、实验所带来的乐趣;对事物有好奇心,能与同伴交流自己的观察发现;理解数的实际意义,感知数与量的对应关系;尝试进行平均分,体验平均分的意义和数学在生活中的应用;对各种蒸调方法和电器感兴趣,乐于探索与操作。

**（五）艺术**

认识4—6种以上的颜色,并能运用3—5种颜色进行绘画;细心观察草莓的外观,感受使用不同方式和材料进行创作的乐趣;理解、感受不同的音乐风格,学会看图谱,并初步了解 ABA 的曲子结构;尝试用肢体语言来表现歌曲中的形象,并在游戏中感受和分辨乐句;借助故事情境来想象,体验音乐活动的乐趣。

# 三 概念图谱

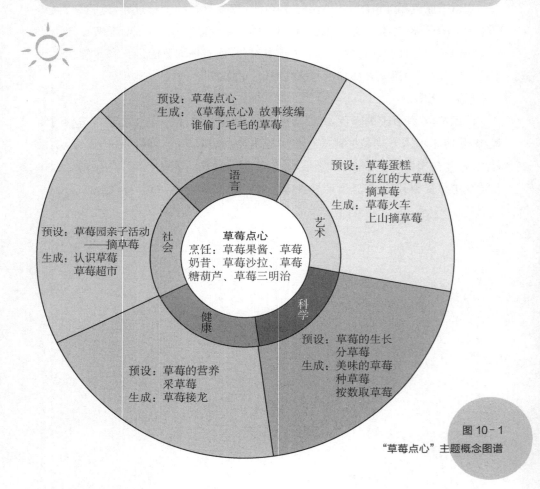

预设：草莓点心
生成：《草莓点心》故事续编
谁偷了毛毛的草莓

预设：草莓蛋糕
红红的大草莓
摘草莓
生成：草莓火车
上山摘草莓

语言

艺术

预设：草莓园亲子活动
——摘草莓
生成：认识草莓
草莓超市

社会

草莓点心
烹饪：草莓果酱、草莓
奶昔、草莓沙拉、草莓
糖葫芦、草莓三明治

科学

健康

预设：草莓的生长
分草莓
生成：美味的草莓
种草莓
按数取草莓

预设：草莓的营养
采草莓
生成：草莓接龙

图 10-1
"草莓点心"主题概念图谱

198

## 四 环境创设

### （一）活动室环境创设

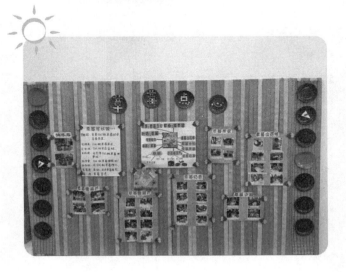

图 10 - 2
活动室一角

图 10 - 3
活动室一角

## （二）区域环境

### 1. 语言区

提供草莓的生长图片及绘本,帮助幼儿了解草莓的特征和生长过程。

### 2. 烹饪区

提供搅拌机、新鲜草莓、牛奶等烹饪工具和原材料;提供烹饪活动的步骤图。

### 3. 日常操作区

投放"草莓蛋糕排序""草莓数字找家"等自制教玩具,培养幼儿手眼协调能力。

### 4. 数学区

投放"分草莓"等教玩具,巩固幼儿对 10 以内数与量的认识。

### 5. 表演区

添置草莓服装、道具,让幼儿活动时可以扮演草莓;提供《摘草莓》等歌曲。

## 五 活动设计

### 语言活动：草莓点心

## （一）活动目标

1. 欣赏故事,理解故事内容,感受故事的趣味性

2. 能根据颜色大胆联想相关的事物,乐于表达自己的想法

3. 爱说普通话,感受与同伴、老师一起交流的乐趣

## （二）活动准备

（1）物质准备:绘本《草莓点心》PPT。

（2）经验准备:幼儿见过草莓,吃过草莓或与草莓相关的食品。

## （三）活动过程

### 1. 提问导入

小朋友们,你们吃过草莓吗? 草莓是什么形状的? 今天,小河马家要做草莓点心,我们一起去看看吧!

2. 播放 PPT

幼儿倾听老师讲述故事。

3. 教师提问，幼儿讨论

（1）小河马出门去干什么？为什么要去买草莓？

（2）小河马为什么从草莓联想到了邮筒？（都是红色）除了从颜色进行联想，小河马还从哪方面进行了联想？（形状）我们一起来学学小河马说的话吧！

（3）小河马去买草莓的路上，遇到了哪些小动物？

（4）小动物们为什么会跟着小河马？如果你是小河马，你愿意这么做吗？

（5）小河马为什么急匆匆地跑向水果店？水果店的售货员是谁？店里卖哪些水果呢？

（6）河马妈妈的草莓蛋糕制作成功了吗？你觉得草莓还可以做哪些好吃的？

4. 再次欣赏故事

师：我们一起把这个好听的故事再听一遍吧。

**（四）活动延伸**

语言活动"句式练习"，通过颜色、形状让幼儿联想相关的事物。

（执教者：龙艳）

---

## 语言活动：《草莓点心》故事续编

**（一）活动目标**

1. 熟悉《草莓点心》故事情节，尝试用绘画的形式创编故事

2. 敢于分享自己创编的故事，语言清晰、声音响亮

3. 感受与同伴分享带来的乐趣，具有自信心

**（二）活动准备**

（1）物质准备：彩色卡纸、油性笔、《草莓点心》故事 PPT、录音笔。

（2）经验准备：已有学习《草莓点心》绘本的经验。

**（三）活动过程**

1. 导入：复习故事《草莓点心》

（1）幼儿边欣赏故事，教师边提醒幼儿关于故事里的动物及场景。

（2）待幼儿欣赏完故事后，教师接着续编故事内容："哎哟，河马妈妈做的草莓点心真好吃呢，小河马、小老鼠、小猪个个都捧着一个大肚子，他们异口同声说：'草莓点心实在太好吃了。'"

2. 故事续编

（1）教师创编小部分故事的开头，请幼儿接下去续编，形成一个完整的故事（教师用录音笔进行记录）。

（2）教师播放幼儿创编的故事录音，请幼儿把自己创编的故事以绘画的形式表现出来。

（3）幼儿绘画时教师巡视幼儿，根据幼儿的情况给予指导和帮助。

3. 讲述故事，分享作品

（1）请先完成作品的幼儿向同伴分享故事内容。

（2）幼儿间互相讲述故事，分享自己的作品。

（执教者：罗玉儿）

## 健康活动：草莓的营养

### （一）活动目标

1. 知道草莓含有丰富的、人体必需的营养

2. 学习用正确的方法清洗草莓并制作草莓奶昔

3. 愿意动手操作，乐于与同伴分享

### （二）活动准备

（1）物质准备：草莓图片与PPT，草莓、牛奶、榨汁机、盐、糖、小刀、砧板、一次性纸杯、碗碟各若干。

（2）经验准备：见过草莓，吃过草莓。

### （三）活动过程

1. 谜语导入

师："红果果，麻点点，咬一口，酸又甜。"小朋友们，谁能猜出这是什么水果？

2. 播放草莓图片 PPT

引导幼儿仔细观察草莓的外形特征,回忆做过的与草莓相关的美食。

师:草莓是什么颜色的? 看起来像什么? 草莓的表面上有什么? 摸起来是什么感觉? 你吃过、做过哪些跟草莓有关的美食?

3. 了解草莓的营养价值

师:你知道草莓对我们的身体有什么好处吗? 草莓含有多种维生素,尤其维生素 C 含量很丰富。吃草莓有助于消化,还可以使我们的眼睛更明亮,好处多多。

4. 学习正确清洗草莓的方法

师:草莓的表面有一个个小小的坑,很难清洗干净。要怎样才能既将草莓清洗干净又保证营养不会流失呢? 正确的做法是:把草莓浸泡在水中,加入适当的盐,放置 15 分钟再用清水冲洗,这样草莓就能又干净又鲜甜了。

5. 制作草莓奶昔

师:吃草莓好处很多,今天我们就一起来制作一份草莓奶昔吧。(在操作前手洗干净)

做法:

(1)把草莓浸泡到水中,加入适量的盐。

(2)把草莓捞起来,用清水冲干净。每个小朋友一份刀具,把草莓切成块状,放到盘中。

(3)把块状的草莓放到榨汁机中,再倒入适量的糖和牛奶。

(4)启动榨汁机。

6. 分享草莓奶昔

师:我们把做好的草莓奶昔和朋友们一起分享吧。

7. 清洗碗碟,收拾工具,结束活动

(执教者:钟晓琳)

## 体育活动:采草莓

### (一)活动目标

1. 自主、大胆探索平衡木的玩法

2. 掌握安全通过平衡木的动作技巧,发展平衡能力

3. 乐于参与游戏,具有不怕困难的品质

### (二) 活动准备

(1) 物质准备:奶粉罐、平衡木、草莓玩具、奶粉罐。

(2) 经验准备:幼儿有走平衡木的经验。

### (三) 活动过程

1. 热身

教师带领幼儿做韵律操。

2. 基本部分

(1) 创设情境,引入活动主题。

师:听说果园的草莓成熟了,我们今天去采草莓好吗? 但是,通往果园的路很窄很不好走,在出发之前我们要先学习一个本领。

(2) 学习走平衡的方法。

① 请个别幼儿尝试走平衡木,说说他保持平衡的方法。

② 教师讲解示范走平衡木的动作要领:双手打开,抬头挺胸,眼睛看前面,一步一步迈出脚步。

(3) 提供三条路线,幼儿自由练习,提醒幼儿注意安全,在规定时间内要完成三条路线的练习。教师重点指导让幼儿掌握在不同状况下顺利安全通过的方法。

第一条路线:平衡木铺成的小路。

第二条路线:奶粉罐铺成的小路,每个奶粉罐之间间隔距离约 10 厘米。

第三条路线:奶粉罐铺成的小路,每个奶粉罐之间间隔距离约 15 厘米。

(4) 采草莓。

在三条路线的尽头放置草莓玩具,让幼儿安全通过后“采”一个草莓玩具回到队伍的最后。

视幼儿的情况玩 2—3 次。

3. 结束部分

引导幼儿回收器材,集合做放松动作并进行小结。

(执教者:钟思婷)

## 科学活动：种草莓

### (一)活动目标

1. 了解草莓的生长过程和种植方法

2. 学习种植草莓,掌握各种工具的使用方法

3. 乐意参与种植活动,热爱劳动

### (二)活动准备

(1)物质准备：铁锹、铲子、水壶、草莓秧苗等种植工具;观察记录表。

(2)经验准备：吃过草莓,对草莓有一定的了解。

### (三)活动过程

1. 回忆吃草莓的情景,激发幼儿种草莓的愿望

师：草莓是什么样的? 吃起来是什么味道的呢? 吃草莓对我们身体有什么好处呢? 草莓是怎么长出来的?

2. 认识草莓秧苗

知道草莓秧苗是生长在泥土中的。

3. 认识工具

认识铁锹、铲子、水壶等劳动工具,了解每种工具的用途和使用方法。

4. 幼儿亲自体验种植草莓的过程

(1)教师示范种植过程：用铲子挖一个小坑,把草莓秧苗放进泥土里,用泥土把秧苗根部填埋好。

(2)引导幼儿参与种植,提醒幼儿注意工具的正确使用方法。

(3)认识观察记录表,尝试记录草莓的种植和生长过程。

### (四)延伸活动

幼儿照料草莓,持续观察草莓的生长情况并记录到表格中。

(执教者：钟思婷)

数学活动：分草莓

## （一）活动目标

1. 了解生活中平均分配的现象
2. 学习平均分配物品，感知并理解平均分配的含义
3. 体验数学在生活中的用途，对数学感兴趣

## （二）活动准备

（1）物质准备：《汪汪队大作战》故事PPT，小船模型，小竹子教具，操作表格，彩色小球贴纸，草莓模型，双面胶，勋章。

（2）经验准备：幼儿已操作过蒙台梭利数学教具"分数小人"，有初步的分配经验。

## （三）活动过程

1. 创设情境，故事导入

（1）播放PPT，讲述情节一：汪汪队接到救援任务。

师：今天莱德队长接到紧急求救电话，小狗莫得和花牛球球被大强盗抓走了。他们分别被绑到了两个城堡里，要去救他们需要造两艘小船。其他队员外出执行任务还没回来，你们愿意帮助莱德队长吗？

（2）幼儿动手造船。

师：莱德一共有30根竹子用来造船。现在要把这30根竹子分配给2艘船，而且2艘船的竹子要一样多，该怎么分呢？

重点指导幼儿要将竹子平均分配，分完后将竹子一根一根粘贴在小船模型的外沿。

2. 播放PPT，讲述情节二：消灭强盗

师：小朋友们都很厉害！我们的船造好了，莱德请小朋友带上武器兵分两路去拯救莫得和球球。我们坐船来到小岛上，岛上有许多的强盗，我们要消灭强盗并炸毁他们的城堡才可以救出莫得和球球。

（1）出示表格，教师讲解规则。

师：消灭一个强盗需要用2枚彩色炸弹（彩色小球贴纸）。请小朋友先数一数

一共有几个强盗(10 个),再把 20 枚彩色炸弹撕下来,平均分配,用来消灭强盗。

(2) 幼儿操作,教师巡回指导。

3. 播放 PPT,讲述情节三:庆祝胜利

师:在小朋友们的帮助下,莫得和球球终于得救了! 为了表达谢意,他们邀请小朋友一起到他们家里做客,他们还给大家准备了香甜可口的草莓。

(1) 将幼儿分成 4 组,每组 5 人,每组 20 颗草莓模型。

师:小朋友,要怎么分才能使每个人分得的草莓数量一样呢? 怎么样能分得又快又好?

(2) 幼儿讨论分配的方法,并在组内分配草莓。

(3) 请幼儿分享分草莓的方法。

师:你是怎么分的? 还有其他不同的方法吗?

4. 活动结束

师:今天小朋友们表现都很出色,莱德要给你们每人奖励一枚汪汪队纪念勋章!

(执教者:钟思婷)

音乐活动:摘草莓

**(一)活动目标**

1. 复习歌曲,感受歌曲欢快的旋律

2. 深入理解歌词内容,尝试根据歌词创编舞蹈动作

3. 积极表达自己的情感体验,感受表演带来的乐趣

**(二)活动准备**

(1) 物质准备:歌曲《摘草莓》,钢琴,播放器,草莓道具,小竹筐。

(2) 经验准备:幼儿已初步学会歌曲《摘草莓》。

**(三)活动过程**

1. 播放歌曲《摘草莓》,教师带领幼儿做律动入场

2. 复习歌曲,加深对歌词的理解

（1）教师钢琴伴奏，带领幼儿复习歌曲《摘草莓》。

（2）播放歌曲，引导幼儿加深对两段歌词的理解。

师：小朋友们，你们听到这首歌曲有什么感受？（很开心、很欢快）

师：第一段和第二段歌词分别唱了什么？第一段歌词中，小女孩去做什么呢？（开心地去摘草莓）第二段歌词中，小女孩摘了甜甜的草莓去送给谁呢？她为什么要把草莓送给军属老奶奶？"呦喂，呦喂呦喂呦喂，呦喂"是要表达什么样的感受呢？（表达小女孩和老奶奶很欢乐的感受）

3. 分析歌曲情境的变化，引导幼儿尝试根据歌词创编动作

（1）教师引导幼儿根据歌曲情境分解动作。

师：刚才进场时，小朋友们还记得我们做了哪些动作吗？"风儿轻轻吹"可以用怎样的动作来表示？"彩蝶翩翩飞"可以用怎样的动作来表示？"摘草莓"又可以用怎样的动作来表示？谁有不一样的动作吗？我们一起来学学他的动作。

（2）教师钢琴伴奏，放慢速度，引导幼儿边唱边将动作串联起来。

（3）播放歌曲，幼儿尝试根据歌词连贯做动作。

4. 创设情境，完整演绎歌曲

提前将草莓道具撒落在场地两边，幼儿人手一个小竹筐。

（1）教师带领幼儿完整表演。

（2）教师扮演"老奶奶"，幼儿扮演"小姑娘"进行表演。

5. 活动结束

师：你们的歌声真是太好听了！我们一起去把这首欢快的歌曲唱给更多的朋友听，邀请他们一起分享美味的草莓吧！

（执教者：钟思婷）

## 烹饪活动：草莓果酱

### （一）活动目标

1. 认识食材，了解草莓果酱的制作方法

2. 掌握清洗草莓、切草莓的方法，尝试自己制作草莓酱

3. 体验烹饪活动带来的乐趣和成就感

**（二）活动准备**

（1）食材：新鲜草莓 1 千克、鲜柠檬 1 个、白砂糖 200 克。

（2）工具：平底不粘锅、电磁炉、刀、砧板、玻璃碗、玻璃盒子。

**（三）活动过程**

1. 分享草莓三明治，感受草莓果酱的香甜味

师：加入了草莓果酱的三明治好吃吗？草莓果酱是怎么做出来的呢？

2. 幼儿在教师的引导下制作草莓果酱

（1）切草莓，腌草莓。

小朋友清洗草莓，并将草莓去蒂，用水果刀将草莓切成四小块。将切好后的草莓放入玻璃碗中，再撒上适量的糖，然后轻轻搅拌均匀，待草莓中的果胶析出。

（2）将腌制好的草莓倒入平底锅中，再接通电磁炉的电源，不一会儿平底锅就发出"呲呲"的声音。在老师的提示下，幼儿不断搅拌锅中的草莓避免粘锅。

3. 分享美味的草莓果酱，感受劳动带来的成就感

**（四）活动延伸**

提供食材，供幼儿在烹饪区中自主操作。

图 10-4　幼儿切好的草莓小块

图 10-5　幼儿正在搅拌锅中的草莓

（执教者：廖碧英、龙艳）

## 烹饪活动：草莓奶昔

### （一）活动目标

1. 会看流程图，懂得根据流程图的指引进行操作
2. 尝试制作草莓奶昔，掌握制作的步骤和方法
3. 乐于动手合作，体验分享的快乐

### （二）活动准备

（1）食材：纯牛奶 2 盒、草莓 500 克。

（2）工具：搅拌机、盘子、一次性纸杯等。

### （三）活动过程

1. 引入主题

出示一杯已经做好的草莓奶昔，认识饮品——奶昔，了解制作奶昔所需要的材料和工具。

2. 学习根据制作流程图的提示制作奶昔

（1）切草莓，倒牛奶。

小朋友洗干净手后将草莓去蒂切块，拿着水果刀从上至下将草莓切成一小块一小块，将草莓放进搅拌机后，小心翼翼地将牛奶倒入。

（2）加入糖和纯净水，启动料理机。

3. 美味的草莓奶昔制作好了，分享并交流制作的经验

（执教者：赵晓瑜、吴婉蕾）

## 烹饪活动：草莓糖葫芦

### （一）活动目标

1. 注意个人卫生，知道制作食物前要把手洗干净
2. 学习清洗、切、串等烹饪技能，掌握制作草莓糖葫芦的方法
3. 体验劳动带来的成就感

**（二）活动准备**

（1）食材：草莓、葡萄、小番茄等水果，白砂糖，明胶，清水。

（2）工具：电锅、竹签、白砂糖、盘子、杯子等。

**（三）活动过程**

1. 导入

师：小朋友，你们吃过糖葫芦吗？糖葫芦好吃吗？想不想做草莓糖葫芦？

2. 幼儿在老师的引导下学习制作草莓糖葫芦

（1）准备水果。清洗水果，去蒂，大些的水果对半切开，沥干水分。

（2）用竹签将水果串成一串。

（3）加入糖和明胶，熬制糖浆，给水果串均匀地裹上糖浆，然后放到一旁等待糖浆冷却。

3. 美味的草莓糖葫芦制作好了，我们一起分享吧

图 10 - 6　幼儿展示自己做的
草莓糖葫芦

（执教者：吴婉蕾、龙艳）

# 六　资源共享

家委会组织草莓园亲子活动——摘草莓。家长协助幼儿到菜市场或者超市寻找草莓的足迹，认识草莓的外形特征，调查草莓在市场上的价格。教师邀请家长来园带领孩子制作草莓蛋糕。

主题绘本资源：《草莓点心》《草莓酱阿姨》《草莓大叔变了》《灰袍奶奶和草莓盗贼》《谁偷了毛毛的草莓》。

## 七　课程赋能

在主题活动中,幼儿通过和家长一起购买草莓了解了草莓的品种及市场价格;通过种植了解了草莓的生长过程;通过阅读绘本,感受了故事的趣味性,丰富了想象力;师幼还一同制作了草莓糖葫芦、草莓沙拉、草莓果酱、草莓奶昔等美味的食物;在家长协助下,幼儿还进行了绘本制作,对烹饪活动进行记录……他们剪剪、贴贴、画画,用一百种语言解读自己的认知和感受,沉醉其中,陶然自得。

# 第六章

# 大概念课程的魅力

　　大概念课程的魅力在于激发儿童的探究兴趣，引导儿童在不断求索中确认自己的发现者、研究者和探寻者身份。大概念课程最虔诚的信仰就是致力让孩子们像专家一样思考，像主人一样负责，形成带得走的能力，而不是带着背不动的书包。

# 设计 11

## 很大很大的蛋

### 一　主题聚焦

在一次故事分享活动中,老师和孩子们一起分享绘本故事《很大很大的蛋》。讲到故事的结尾,蛋要裂开了,到底蛋里会孵出什么动物呢? 孩子们纷纷猜测,有的说是恐龙,有的说是大棕熊,有的说是蛇……"蛋"在孩子眼里是一个神秘的世界,它是一个谜,是一个讲不完的故事。跟随着孩子的好奇心,一个关于"蛋"的主题探索之旅由此开启。

### 二　活动目标

#### (一) 健康

参与蛋的美食制作,初步了解蛋类的营养价值,喜欢吃蛋制品;了解食物在人体的消化吸收过程,养成良好的饮食习惯,保护自己的健康;练习钻、爬、跑、跳等动作,提高参加体育锻炼的积极性;发展手眼协调能力,形成勇敢、坚毅等良好个性品质。

#### (二) 语言

喜欢阅读绘本故事,仔细观察画面内容,对故事情节的发展做出推测与判断;能用普通话与同伴进行交流,用较流畅、连贯的语言表达自己的想法。

#### (三) 社会

对蛋的烹饪方法感兴趣;乐意分享、合作,懂得使用礼貌用语,学会谦让;能感知同伴的情绪并予以适当的帮助。

#### (四) 科学

了解蛋的种类、结构及各种蛋制品;比较蛋的外形特征;尝试进行区分生蛋和熟蛋、探索蛋宝宝站立的方法等实验,乐于观察和探索,能与同伴交流自己的发现;学习分类、排序;用一一对应的逻辑方法,将各种蛋与相关动物进行匹配;能手口一致地点数 10 以内的数,按数取物。

**（五）艺术**

感受不同的音乐节奏,尝试表现歌曲的情绪;在游戏中学会听辨音符的长短,感受音乐游戏的乐趣;尝试用绘画、手工等方式表现蛋的特征;知道蛋壳或者蛋制品可以用来进行艺术创作,提高动手能力,体验成功的喜悦。

# 三　概念图谱

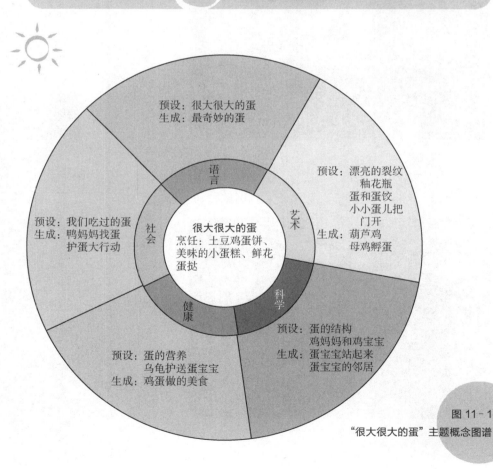

图 11-1
"很大很大的蛋"主题概念图谱

# 四　环境创设

## （一）活动室环境

图 11－4
活动室一角

图 11－5
活动室一角

图 11－6
活动室一角

### （二）区域环境

#### 1. 语言区

提供与主题相关的绘本、亲子自制小书，或用播放器播放与主题相关的故事。

图 11-7
语言区一角

#### 2. 烹饪区

提供煎蛋器、电磁炉、锅铲、碟子、叉子、鸡蛋等烹饪工具和材料，提供制作蛋类烹饪的步骤图。

#### 3. 表演区

提供表演的乐器、服装、道具和音乐。

#### 4. 日常操作区

提供切鸡蛋、舀弹珠、给大母鸡扣纽扣、蛋蛋按扣等教具。

#### 5. 美工区

提供泡沫蛋、毛绒球、塑料蛋、油性笔、双面胶等材料和工具。

图 11-8
美工区一角

### 6. 科学区

自制教具，如：蛋的秘密、蛋的排序、蛋蛋拼拼乐等自制教玩具。

图 11-9
科学区一角

## 五　活动设计

### 语言活动：很大很大的蛋

**（一）活动目标**

1. 欣赏故事，感受故事的趣味性

2. 学说对话，理解"角度不同看法也会不同"，学会尊重别人的看法

3. 乐于表达自己的想法，乐意与同伴合作进行表演

**（二）活动准备**

《很大很大的蛋》PPT，魔法盒（内有幼儿未见过的魔术花球），小松鼠、狐狸、小熊、猫头鹰、小鸭子头饰各 1 个。

**（三）活动过程**

1. 谈话导入，引发兴趣

师：刚才小松鼠给我打电话，它说它在池塘边捡橡子，捡着捡着，突然不知从哪里滚来一个很大很大的蛋。我们一起来看看到底发生了什么事情，好吗？

2. 播放 PPT，欣赏故事《很大很大的蛋》

师：这个故事是在什么季节发生的？故事发生在哪个地方？故事里有哪些小动物？它们在干什么？

3. 深入理解故事情节

（1）逐页翻阅 PPT 中的故事画面，学说故事中的对话。

师：这是一个怎样的蛋？小松鼠是怎么说的？小狐狸是怎么说的？小熊又是怎么说的？最后它们是怎么比较的？为什么小动物们的看法都不一样？你喜欢猫头鹰吗，为什么？

（2）通过魔法盒帮助幼儿理解故事主旨。

师：小朋友们，魔法师送给我一个魔法盒，你们想不想知道里面有什么？请你把手伸进盒子里摸一摸，说说你摸到了什么。

师:同一样东西,为什么你们猜想的结果都不一样呢?

小结:这和《很大很大的蛋》故事中为什么有些小动物觉得蛋很大、有些小动物觉得蛋很小的道理是一样的。每个人的感受和理解不同,看法也会不同,要尊重别人的看法。

4. 故事表演

幼儿选择自己喜欢的角色,戴上相应的头饰,进行故事表演。

(执教者:龙艳)

## 语言活动:最奇妙的蛋

### (一)活动目标

1. 仔细观察画面,了解故事内容
2. 根据图片内容猜测故事进程,并能大胆表达自己的想法
3. 感受奇思妙想带来的乐趣

### (二)活动准备

材料准备:PPT 课件、白纸、水彩笔。

### (三)活动过程

1. 猜故事角色——激发幼儿活动的兴趣

(1) 听声音,猜角色。

(2) 看图片猜角色:猜猜谁是圆圆,谁是琪琪,谁是毛毛?

小结:圆圆有最漂亮的羽毛,琪琪有最漂亮的腿,毛毛有最漂亮的鸡冠。

(3) 说说谁是最漂亮的母鸡?

2. 猜故事情节——观察画面,理解故事

(1) 它们找了谁帮忙? 是怎么看出来的?

(2) 三只母鸡看到国王会说什么?

(3) 国王是怎么说的? 他决定让三只母鸡比什么?(看图示猜测)

(4) 圆圆下了一个什么样的蛋?

(5) 琪琪下了一个怎样的蛋?

（6）你们觉得它们的蛋奇妙吗？为什么？你们觉得毛毛会下一个怎样的蛋？

3. 画最奇妙的蛋——鼓励幼儿创作想象

（1）尝试用桌上提供的材料去设计一个特别的蛋。

（2）幼儿自由创作。

（3）交流展示幼儿绘画作品。

4. 猜故事结局——生活需要一点奇思妙想

（1）师：最后，毛毛下了一个怎样的蛋？

小结：这是让人想都想不到，最不可思议的蛋。

（2）讨论：你认为谁下的蛋最奇妙？为什么？

（3）最后国王选了谁做公主？

小结：如果你有奇思妙想，你有创意，你的生活就会变得很快乐。

（执教者：胡丽莉）

## 健康活动：鸡蛋做的美食

### （一）活动目标

1. 初步懂得鸡蛋的营养价值，了解几种鸡蛋做成的美食

2. 学习制作鸡蛋焦糖吐司，掌握敲、切、搅拌等技能

3. 不挑食，养成良好的饮食和卫生习惯

### （二）活动准备

鸡蛋美食图片做成的 PPT，鸡蛋，吐司，白砂糖，烤箱，儿童刀，筷子，碗，碟子，料理盆等。

### （三）活动过程

1. 谜语导入

师：今天老师给你们带来一种好吃的东西，"外表光溜溜，里面滑溜溜，营养又美味，最多蛋白质"，你们猜猜是什么。（谜底：鸡蛋）

2. 播放 PPT，了解鸡蛋做成的美食

师：鸡蛋可以做成哪些好吃的东西？你们吃过哪些鸡蛋做的食物？想知道鸡蛋还可以做成哪些好吃的吗？我们一起来看一看。

小结：鸡蛋的营养很丰富，做法也很多样，可以通过煮、蒸、炒、炸等方式加工成各种美味的菜肴。小朋友吃煮和蒸的鸡蛋最健康，最容易吸收和消化。

3. 教师示范鸡蛋焦糖吐司的制作过程

师：小朋友，你们吃过鸡蛋焦糖吐司吗？我们今天来试试自己做这道美食。

（1）将鸡蛋敲开打入碗内。

（2）用筷子顺时针搅拌鸡蛋液，直到蛋液均匀。

（3）取一片吐司，用儿童刀将它对角切成三角形。

（4）用勺子把蛋液涂到吐司表面，再均匀撒上一层白砂糖。

（5）烤箱预热后，将吐司放入烤箱，上下火 150℃，烤 5 分钟。

4. 幼儿分组合作，动手制作鸡蛋焦糖吐司

5. 分享成果

师：我们自己做的鸡蛋焦糖吐司是不是很美味？小朋友们回家也可以教爸爸妈妈做鸡蛋焦糖吐司哦！

（执教者：钟晓琳）

## 体育活动：乌龟护送蛋宝宝

### （一）活动目标

1. 懂得保护弱小群体，锻炼手脚协调能力

2. 学习匍匐爬，探索多种爬的方法，提高动作的协调性和灵敏性

3. 体验游戏的快乐，具有不怕困难、勇往直前的心理品质

### （二）活动准备

海绵垫，拱门，绳子，椅子，乌龟壳道具，海洋球，筐子，大灰狼头饰，欢快音乐，播放器。

### （三）活动过程

1. 开始部分

（1）进入场地，四散站开。

（2）播放歌曲，模仿小乌龟做热身运动。

2. 基本部分：练习各种爬的动作

师：乌龟宝贝们，听说有许多蛋宝宝遇到危险了，你们愿不愿意护送它们回家？可是路上困难重重，我们要先把本领练好，才能去帮助蛋宝宝。

（1）提供海绵垫，幼儿自由探索各种爬的动作。

师：怎样才能快速地通过这条小路？宝贝们，你们都来试一试。

（2）分享快速向前爬的方法，引导幼儿手膝着地、手脚着地向前爬。

（3）提供离地高度不等的绳子障碍，引导幼儿身体贴在垫上，匍匐爬行。

（4）结合幼儿练习的情况，教师示范讲解匍匐爬的动作要领。

（5）幼儿练习匍匐爬，教师重点指导幼儿手脚用力的方法。

3. 游戏环节：小乌龟护送蛋宝宝

师：小乌龟们学会了很多本领，现在我们一起来护送蛋宝宝回家吧！前面有很多障碍物，你们有没有信心把蛋宝宝安全送回家呀？

（1）游戏一：教师将海绵垫摆成"桥"（长条形），小乌龟背上乌龟壳，从筐里取一个蛋宝宝（海洋球）放进龟壳里，然后背着蛋宝宝爬过"桥"，安全把蛋宝宝送回家（把球放进筐中）。（游戏过程中播放欢快音乐）

（2）游戏二：在"桥"中间加两个"山洞"（拱门），小乌龟背着蛋宝宝爬过"桥"，并钻过"山洞"，安全把它送回家。

（3）游戏三：将海绵垫拼接摆成"T"字形，路上布"铁丝网"（绳子障碍）。请1—2位幼儿扮演大灰狼。音乐响起后，大灰狼开始捉小乌龟，小乌龟要想办法通过"铁丝网"，躲开大灰狼（可以选择朝"T"字两头爬行），快速将蛋宝宝送回家。

4. 放松部分

师：小乌龟们都很棒、很勇敢，冲过重重难关，把蛋宝宝全部安全送回家！眼看太阳就要下山了，我们忙碌一天也累了，放松一下准备回家吧！

（执教者：赵晓榆）

## 社会活动：护蛋大行动

### （一）活动目标

1. 知道鸡蛋易碎，了解保护鸡蛋的方法

2. 完成"护蛋大行动"的任务，想办法保护好自己的鸡蛋，将鸡蛋顺利带回幼儿园

3. 体验鸡爸爸、鸡妈妈爱护蛋宝宝的情感，具有爱心和责任感

### （二）活动准备

（1）物质准备：幼儿穿运动服，戴园帽，带水壶（灌好水）；每位幼儿自带一个生鸡蛋（提前标记好名字）；拉杆音箱及音乐；班级自带扩音器、水果、体育器械、纸巾、相机及常用药品。

（2）经验准备：提前到活动地点广州市萝岗市民广场踩点，勘察地形。

### （三）活动过程

（1）幼儿园门口集合，老师交代活动任务：保护蛋宝宝。

师：今天你们来当鸡爸爸、鸡妈妈，你们在玩的过程中一定要保护好自己的蛋宝宝，把它安全地带回幼儿园哦！

（2）老师带领幼儿按照路线前往市民公园进行徒步，欣赏春天的景色，途中捡拾落叶，回园后用于树叶拓印活动。

（3）大草坪集合，幼儿吃水果。

（4）做早操，玩游戏，进行体能锻炼。（活动过程中，提醒幼儿时刻保护好自己的蛋宝宝）

（5）教师小结活动（重点小结怎样保护好蛋宝宝），带领幼儿回园。

师：你的蛋宝宝还好吗？你是怎样保护它的？哪种方法最管用？你下次要怎样保护好自己的蛋宝宝？

孩子们从实践中得出了不少经验，有的说"要用罐子装住"，有的说"要更小心一点"，有的说"用海绵来裹住"……最后全班还剩 10 个蛋宝宝安全地被鸡爸爸、鸡妈妈护送回幼儿园。

图 11-10　2 个幼儿用帽子保护自己的蛋宝宝　　　图 11-11　小女孩展示自己的蛋宝宝

图 11-12　幼儿带着蛋宝宝玩游戏

（执教者：房丽娜）

## 科学活动：蛋宝宝站起来

### （一）活动目标

1. 在与材料互动中获得让蛋立起来的经验

2. 探索蛋宝宝站起来的方法,体验探索带来的乐趣

3. 具有好奇心,愿意思考和动手操作

## (二)活动准备

（1）物质材料准备:熟蛋若干、大米、果冻杯(大小两种)、瓶盖、沙包、橡皮泥、报纸、《学做解放军》音乐。

（2）经验准备:认识鸡蛋,了解鸡蛋的特点。

## (三)活动过程

1. 以《学做解放军》音乐导入

（1）播放歌曲,幼儿跟着唱和做动作。

（2）出示蛋宝宝。

师:今天老师给小朋友请来一位小客人,小朋友一定会很喜欢它,看看它是谁! 蛋宝宝看到小朋友学做解放军真神气,它们也想学解放军做立正的动作。你们觉得蛋宝宝能行吗?

2. 请幼儿尝试探索,探索在平面上让鸡蛋站立的方法

（1）给每人提供一个蛋,让幼儿探索使蛋站立的方法。

（2）幼儿操作,教师观察并及时鼓励。

（3）师幼小结,提出新问题:有没有不将蛋壳弄破就能使蛋宝宝站起来的办法呢?

图 11-13 教师展示让鸡蛋立起来的一种方法

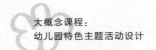

3. 再次尝试

提供大米、报纸、瓶盖、果冻杯、橡皮泥、沙包、旧手帕等材料,让幼儿再次探索使蛋站立起来的方法。

4. 幼儿分享让蛋站起来的方法

5. 师幼小结,结束活动

（执教者：赵晓榆）

## 数学活动：鸡妈妈和鸡宝宝

### （一）活动目标

1. 感知物体的大小,会用"最大""最小"描述物体的特征

2. 尝试动手操作,理解事物之间的比较是相对的

3. 体验学习数学的快乐

### （二）活动准备

小视频,PPT,操作卡,彩色笔。

### （三）活动过程

1. 小视频导入,激发幼儿的学习兴趣

师：今天有一群小动物要来做客,我们看看是谁来了。（鸡妈妈和鸡宝宝）

师：鸡妈妈很高兴,因为她刚刚孵出很多很多鸡宝宝。鸡宝宝们长得都一样吗？哪里不一样？（有的大,有的小）

2. 播放 PPT,初步感知"最大"与"最小"

（1）找出"最大"的鸡宝宝。

师：鸡妈妈想请小朋友帮它找出最大的鸡宝宝。哪位小朋友愿意来帮忙？（点击相应的图片,答对则屏幕显示"你真棒",答错则屏幕显示"加油,再试试"）

（2）找出"最小"的鸡宝宝。

师：鸡妈妈还想请小朋友帮忙找出最小的鸡宝宝。谁愿意来试一试？

3. 幼儿操作游戏

（1）涂色游戏。

师：鸡妈妈和鸡宝宝在草地上捉虫子，它们捉了很多很多虫子。请找到最大的虫子，涂上红色；再找到最小的虫子，涂上蓝色。

（2）连线游戏。

师：鸡妈妈和鸡宝宝吃饱了，在草地上玩游戏。最大的鸡宝宝用最大的皮球，请把它们用线条连起来；最小的鸡宝宝用最小的皮球，请把它们用线条连起来。

（3）排队游戏。

师：太阳快下山了，鸡妈妈想让鸡宝宝们按照从大到小的顺序排好队回家。请先找出最大的鸡宝宝排在最前面，再从剩下的鸡宝宝中找出最大的，一个接一个排好队，最小的鸡宝宝排在队伍最后面。

（4）集体验证，巩固对"最大"和"最小"的认识。

4. 活动结束

师：哇，鸡宝宝的队伍排得真整齐！鸡妈妈说："谢谢小朋友！我们下次再来做客！"

（执教者：赵翠竹）

## 音乐活动：蛋和蛋饺

### （一）活动目标

1. 认识四分音符和八分音符
2. 通过游戏学会听辨音符的长短
3. 理解游戏规则，感受音乐游戏的快乐

### （二）活动准备

（1）物质准备：蛋的图片，四分音符和八分音符的图谱，鼓。

（2）经验准备：认识二分音符，已懂得二分音符的节奏特点。

### （三）活动过程

1. 游戏导入活动

游戏一：出示一张图片，上面分别是一个蛋宝宝和两个蛋饺。

师：小朋友们，蛋宝宝和蛋饺今天想跟我们一起做游戏，如果你听见老师说蛋，你就站在蛋的旁边，如果你听见蛋饺，你就站在蛋饺旁边。

游戏二：现在我们换一种玩法，老师说蛋，你就站到蛋饺的旁边，如果听到蛋饺你就站在蛋旁边。

2. 认识四分音符、八分音符和休止符

（1）教师出示四分音符的图片并介绍：今天来了一个朋友，它的名字叫"踏"，它有时很顽皮，会倒立。

（2）教师出示两个八分音乐的图片并介绍：这个朋友的名字叫"踢踢"，它们也很顽皮，有时也会倒立。

（3）教师出示一张空白纸，介绍：这个叫隐形人，当它出现时我们要"嘘"，不要发出声音。

3. 音乐游戏部分

（1）教师把四分音符、八分音符的图片和空白纸散放在场地中间，请孩子指出老师说的音符。

（2）老师哼唱一段歌曲，孩子随意走动，当老师一边敲鼓一边唱"踏、踏、踏、踏、踏、踏、踏、踏"，孩子站到四分音符的图片周围。

（3）老师哼唱一段歌曲，孩子随意走动，当老师一边敲鼓一边唱"踢踢踢踢踢踢踢踢"，孩子站到八分音符的图片周围。

（4）老师哼唱一段歌曲，孩子随意走动，老师不发出任何声音，孩子站到空白的图片周围。

（5）老师哼唱一段歌曲，孩子随意走动，当老师用鼓敲出四分音符的节奏，孩子站到四分音符的图片周围。

（6）老师哼唱一段歌曲，孩子随意走动，当老师用鼓敲出八分音符的节奏，孩子站到八分音符的图片周围。

（7）老师哼唱一段歌曲，孩子随意走动，老师不敲鼓，孩子站到空白的图片周围。

（8）玩相反游戏：老师哼唱一段歌曲，孩子随意走动，当老师用鼓敲出四分音符的节奏，孩子站到八分音符周围；当老师敲出八分音符的节奏，孩子站到四分音符周围；老师不敲鼓，孩子继续走动。

4. 师幼小结，活动结束

（执教者：胡丽莉）

## 美术活动：漂亮的裂纹釉花瓶

### （一）活动目标

1. 认识裂纹釉瓷器，感知并欣赏其独特的裂纹效果

2. 学习利用蛋壳制作粘贴画，掌握压碎蛋壳的方法，以模仿裂纹釉瓷器独特的裂纹效果

3. 乐于动手操作，喜欢参与艺术活动

### （二）活动准备

各种裂纹釉瓷器的图片，幼儿在纸上画好的花瓶的轮廓，清洗并晒干的蛋壳，白乳胶，乳胶刷，抹布。

### （三）活动过程

1. 欣赏裂纹釉瓷器图片，导入活动

师：小朋友，今天老师带来了一些很特别的花瓶图片，我们一起来看看它们有什么独特之处吧！

（1）引导幼儿欣赏图片，并用自己的语言描述花瓶的独特之处。

（2）教师介绍裂纹釉瓷器，并讲解裂纹产生的原因。

2. 教师介绍蛋壳粘贴画的制作方法

师：今天我们用蛋壳来粘贴花瓶，模仿裂纹釉瓷器。你们想不想试一试？

（1）引导幼儿观察老师按压蛋壳，将蛋壳压碎的方法。

（2）提醒幼儿使用白乳胶时的注意事项。

3. 幼儿动手制作，教师巡回指导

（1）幼儿利用蛋壳装饰已画好的花瓶，模仿裂纹釉瓷器特有的花纹特点。

（2）教师重点引导幼儿先刷白乳胶再粘蛋壳，粘好蛋壳用大拇指用力向下压碎蛋壳，让碎蛋壳尽可能分布均匀。

4. 作品欣赏及活动小结

将幼儿的作品展示在班级作品栏，带领幼儿相互欣赏作品。教师对幼儿的作品给予肯定及鼓励，增强幼儿的自信。

### （四）活动延伸

让家长利用周末时间带幼儿到博物馆或陶瓷店，寻找并欣赏裂纹釉瓷器。

（执教者：罗玉儿）

## 烹饪活动：美味的小蛋糕

### （一）活动目标

1. 了解小蛋糕的制作过程
2. 能熟练掌握打鸡蛋的动作技能
3. 体验自己动手制作点心的乐趣

### （二）活动准备

（1）食材：黄油，低筋面粉 100 克，鸡蛋 2 只，砂糖 50 克，发泡粉 2 克，花生油 20 克，牛奶 10 毫升，白醋。

（2）工具：碗 3 个，碟子 3 个，叉子 3 个，蛋糕机 1 台，打蛋器 1 个，筷子 1 双，电子秤等。

### （三）活动过程

1. 谈话导入

师：你吃过蛋糕吗？知道蛋糕是用什么材料做的吗？是怎样做的？

2. 教师带领幼儿一起做蛋糕

（1）准备好食材和工具，将面粉、白糖、黄油等用电子秤称量好备用。

（2）打鸡蛋，分离蛋黄和蛋白。

（3）打发蛋白。

（4）加入蛋黄液再搅拌，加入牛奶和黄油，筛入低筋面粉拌匀，打发起泡，加入花生油后用打蛋器充分搅拌均匀。

（5）接通电源，预热蛋糕机。亮起绿灯时，小朋友可以将油涂抹在蛋糕机的小格中，然后倒入蛋糕糊。

（6）盖上蛋糕机盖子直至绿灯第二次熄灭。

（7）分享美味的小蛋糕，体验成功带来的喜悦。

（执教者：赵晓榆）

## 烹饪活动：鲜花蛋挞

### （一）活动目标

1. 了解制作鲜花蛋挞所需要的食材和制作的过程

2. 掌握用烤箱烤蛋挞的技巧

3. 乐于动手，乐意分享，具有热爱生活的美好情感

### （二）活动准备

（1）食材：牛奶 100 克、细砂糖 25 克、鸡蛋 2 个、淡奶油 65 克、蛋挞皮 10 个、鲜花酱（玫瑰酱）一瓶。

（2）工具：烤箱、碗、勺子、碟子、电子秤、打蛋器、不锈钢碗、筛子、量杯。

### （三）活动过程

（1）认识鲜花蛋挞，教师介绍鲜花蛋挞的食材和制作过程。

（2）称牛奶，打鸡蛋，搅拌鸡蛋。

老师指导，幼儿分工合作。把鸡蛋倒进大容器进行搅拌，接着把纯牛奶倒进蛋液里一起搅拌。

（3）称白砂糖，倒进大容器与蛋液一起搅拌。

（4）用筛子过滤蛋液，倒进量杯，然后倒进蛋挞皮里，九成满即可。

图 11 - 14  孩子们正在打蛋液

图 11 - 15  幼儿正在给蛋挞添上鲜花酱

233

（5）烤蛋挞，放鲜花酱。

烤箱提前预热 200℃，中层烤大概 20—25 分钟。定时观察烤箱中蛋挞颜色的变化。

（6）美味的蛋挞烤好了，小朋友在老师的协助下，一起把烤好的蛋挞端出来，接着给每个蛋挞添上鲜花酱。

（7）好看又美味的鲜花蛋挞完成了，孩子们一起分享。

（执教者：赵晓榆）

## 烹饪活动：土豆鸡蛋饼

### （一）活动目标

1. 了解做土豆鸡蛋饼所需要的食材
2. 熟悉制作过程，能熟练掌握烙饼的技巧
3. 体验自己动手制作点心的乐趣

### （二）活动准备

（1）食材：鸡蛋 3 个、土豆 500 克、葱花 50 克、火腿肠 2 根、盐、面粉 150 克。

（2）工具：塑料刀、煎蛋器、打蛋器。

### （三）活动过程

（1）出示一碟已经做好的土豆鸡蛋饼请幼儿品尝，并让幼儿猜猜是怎样做出来的。

（2）老师介绍制作土豆鸡蛋饼所需要的食材和制作的过程。

（3）刨土豆丝放入凉水等待，打鸡蛋液。

小朋友们洗干净手后分工合作，一个小朋友把刨好的土豆丝放入凉水里，另一个小朋友认真地打鸡蛋液。

（4）将火腿肠切成粒。

（5）将土豆丝捞出来，沥干水，加入鸡蛋液、火腿粒、面粉、葱花进行搅拌，并加入 2 勺盐。

（6）孩子们在老师的引导下，准备预热煎蛋器。

当红灯灭了,小朋友将锅烧热加入油,把拌好的土豆鸡蛋液放入锅中,将饼煎至金黄。

(7)分享交流制作体验。

（执教者：胡丽莉、张舒维）

## 六　资源共享

家长带领幼儿通过参观超市或市场,搜集资料,了解蛋的种类;家长协助幼儿完成"蛋蛋大调查";家长和幼儿一起收集与蛋相关的绘本带回园。教师邀请家长参与班级烹饪活动。

主题绘本资源：《很大很大的蛋》《最奇妙的蛋》《鸡蛋哥哥》《妈妈下了一个蛋》《一只奇特的蛋》《狐狸孵蛋》。

## 七　课程赋能

"很大很大的蛋"主题活动让孩子们对蛋有了更进一步的认识,他们了解了一些形状、大小、颜色、构造各异的蛋,初步了解了卵生动物生长的过程,感悟到生命的珍贵。通过学习与探索,孩子们掌握了区分生蛋和熟蛋的方法,尝试创编绘本故事,制作蛋壳手工画,想出很多保护蛋的方法……每周的烹饪活动是孩子们最期待的事情,孩子们自己动手,制作出各种各样的与蛋相关的美食,感受到劳动带来的乐趣和成就感,也在分享的同时习得了礼仪。

# 设计 12

## 一粒小豆子

### 一　主题聚焦

中午的睡前故事《一粒小豆子》引发了孩子的讨论："小豆子好神奇,可以变成不同的小动物！""豆子可以变成小动物？豆子可以煮八宝粥。""豆子还可以做饼干。""豆子可以做豆浆。""可以做豆腐花。"……孩子们对"豆子"有着强烈的好奇心,于是我们展开了奇妙的"豆子"之旅。

### 二　活动目标

**（一）健康**

了解豆类食物与人们生活的关系,知道几种常见豆类的烹饪制作方法；感知豆制品的多样性,知道适量吃豆制品有益身体健康；练习跑、跨、跳、爬、抛、钻等动作要领,发展身体力量和动作的灵敏性；能积极参与体育活动,勇于克服困难,接受挑战。

**（二）语言**

愿意与同伴谈论自己感兴趣的话题；能用较完整、连贯的语言讲述自己的见闻和感受；喜欢阅读绘本,掌握正确翻阅图书的方法,会根据画面猜测故事情节和走向,体会故事中蕴含的意义；了解图书的构成,知道画面之间要有承接关系,尝试进行绘本制作。

**（三）社会**

愿意与家长一起参加社会实践活动；乐意动手进行自我服务,感受与同伴合作的乐趣；体验农民伯伯耕种的辛苦,懂得珍惜粮食；利用各种各样的豆子制作好吃的糕点,体验亲子制作的乐趣,增进亲子之间的情感。

### (四) 科学

对豆类感兴趣,大胆地运用多种感官感知豆子的特征及成长过程;了解食用油、米面、五谷杂粮、奶制品、豆制产品的浅显知识以及加工工艺;乐意与家长一起寻找豆类制品,进一步了解大豆对人类的贡献;能对豆类进行种植或其他科学实践,通过观察比较发现其相同与不同,用自己的方式做简单的记录。

### (五) 艺术

欣赏自然界和生活中美的事物;学习用小组唱、对唱等方式演唱歌曲;尝试根据歌词创编简单的肢体动作,表现对歌曲的理解;会利用各种豆类材料进行手工创作;会用绘画、捏泥、粘贴等多种方式表现自己的想法,具有想象力和艺术表现力。

# 三 概念图谱

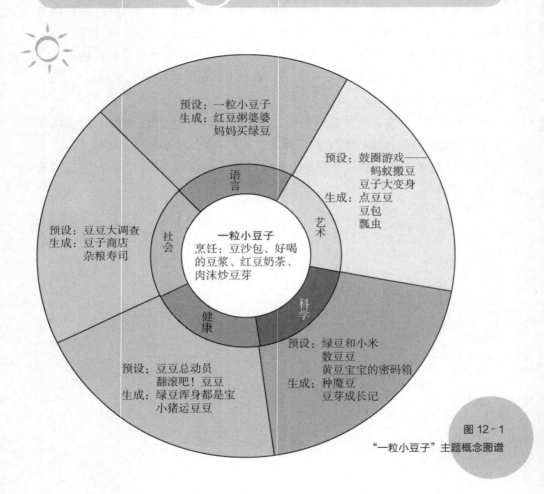

预设：一粒小豆子
生成：红豆粥婆婆
　　　妈妈买绿豆

语言

预设：鼓圈游戏——
　　　蚂蚁搬豆
　　　豆子大变身
生成：点豆豆
　　　豆包
　　　瓢虫

艺术

预设：豆豆大调查
生成：豆子商店
　　　杂粮寿司

社会

一粒小豆子
烹饪：豆沙包、好喝
的豆浆、红豆奶茶、
肉沫炒豆芽

健康

科学

预设：绿豆和小米
　　　数豆豆
　　　黄豆宝宝的密码箱
生成：种魔豆
　　　豆芽成长记

预设：豆豆总动员
　　　翻滚吧！豆豆
生成：绿豆浑身都是宝
　　　小猪运豆豆

图 12-1
"一粒小豆子"主题概念图谱

# 四 环境创设

## (一) 活动室环境

图 12-2
活动室一览

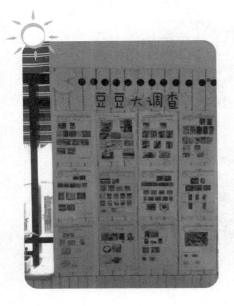

图 12-3
活动室一角

## （二）区域环境

### 1. 阅读区

增添关于豆类的绘本、亲子自制绘本小书等供幼儿阅读和自由讲述分享。

### 2. 烹饪区

提供豆浆机、辅食机等烹饪工具和黄豆、绿豆、黑豆等食材；提供豆类烹饪活动的制作流程图等。

### 3. 表演区

添置豆豆乐器、豆豆头饰及与主题相关的歌曲等。

### 4. 美工区

提供不同种类的豆子，让幼儿大胆创作豆贴画等。

### 5. 种植区

提供豆子、种植工具、观察记录本等。

图 12-4
种植区一角

## 五　活动设计

### 语言活动：一粒小豆子

**（一）活动目标**

1. 初步了解故事中出现的豆类名称

2. 能根据表情、动作细节等推测角色的心理活动，并大胆表述对画面的理解

3. 喜欢阅读，感受阅读带来的乐趣

**（二）活动准备**

绘本PPT。

**（三）活动过程**

1. 出示各种豆子，激发幼儿对豆子的兴趣

师：小朋友们，老师这里有很多小豆子，你们见过这样的豆子吗？你吃过哪些豆子做成的食物？（豆浆、绿豆粥、红豆汤、豆腐花等）今天，老师带来了一个故事叫《一粒小豆子》。

2. 教师利用PPT生动流畅地讲述一遍故事

3. 通过提问加深幼儿对故事的理解

师：小朋友们，故事里小蚕豆遇到了哪些豆子，它们分别长什么样子？小蚕豆和豆子们都发生了什么事？

4. 逐页翻阅PPT，请幼儿讲述故事的内容

5. 小结

不同的豆子有不同的营养，小朋友们平时可以适量吃些豆制品，有利于身体健康。

（执教者：赵晓榆）

## 健康活动：绿豆浑身都是宝

### （一）活动目标

1. 知道绿豆可以用来发豆芽，了解豆芽的营养价值

2. 尝试发豆芽、洗豆芽、炒豆芽，提高动手实践能力

3. 不挑食，养成初步的健康饮食的概念

### （二）活动准备

发豆芽的视频，绿豆，塑料盆，塑料筛，黑色塑料袋，洗菜盆，记录板，白板笔，白板擦，电磁炉，炒锅，锅铲，食用油，盐，酱油，碟子，筷子。

### （三）活动过程

1. 谈话导入

师：小朋友，绿豆可以做成哪些好吃的美食？（绿豆饼、绿豆糖水、绿豆汤等）

师：你们吃过豆芽吗？对了，绿豆还可以用来发豆芽！绿豆芽里含有丰富的钙质和维生素，是一种很健康的食物呢！

2. 播放视频，了解发豆芽的方法

师：你们发过豆芽吗？怎样才能发出漂亮的豆芽来？我们先来了解一下。

3. 师幼一同尝试发豆芽并记录豆芽的生长过程

（1）将选好的绿豆放在塑料盆中。

（2）加入温水泡 12 小时。

（3）将绿豆放入塑料筛中，铺平，盖上黑色塑料袋避光（把塑料盆放在筛子底下用来接水）。

（4）每天早晚各淋一次水，5—6 天后豆芽就发好了。

班级内提供记录板，每天由一位幼儿记录豆芽的生长过程。

4. 洗豆芽、炒豆芽，分享劳动成果

（1）幼儿分组将豆芽清洗干净。

（2）幼儿在教师的协助下将豆芽炒熟。

（3）午餐时，分享美味的炒豆芽，体验劳动带来的喜悦。

（执教者：何恺琳）

**体育活动：翻滚吧！豆豆**

### （一）活动目标

1. 锻炼手部力量，提高动作的协调性、灵敏性

2. 探索篮球的多种玩法，学习自抛自接球和对抛对接球

3. 遵守游戏规则，在游戏中体验合作的乐趣

### （二）活动准备

歌曲《球球快跑》，播放器，篮球，球筐。

### （三）活动过程

1. 热身运动：调皮的"小豆豆"

（1）幼儿取球。

师："咕噜咕噜棒棒棒"！只要我一念这个小咒语，小朋友就可以获得一枚"小豆豆"（篮球），你们准备好了吗？我从10倒数到1，你们要把"小豆豆"从球筐里取出来紧紧抱在胸前哦！

（2）播放歌曲《球球快跑》，教师带领幼儿做热身运动。

师：现在每个人手里都有一颗调皮的"小豆豆"，让我们跟着"小豆豆"一起动起来！

2. 自由探索篮球的多种玩法

师：小朋友们真厉害！现在请你们带着"小豆豆"玩一玩、动一动，看看谁的玩法最多、最特别。

（1）幼儿探索篮球的各种玩法。

（2）请个别幼儿分享不同的玩法。

（3）集体尝试各种玩法。

3. 学习自抛自接球和对抛对接球

（1）自抛自接球。

师：我有一个超级厉害的魔法，能把"小豆豆"变到天上去，小朋友们要认真看哦！

① 教师示范并讲解自抛自接球的动作要领。（两脚分开与肩同宽，两手轻轻将球抛过头顶，当球往下落时，双手快速把球接住）

② 幼儿进行练习。（教师提醒幼儿注意安全,不要砸到头）

（2）对抛对接球。

师：我还有一个很厉害的魔法,叫"跳跳豆",你们想不想试看?

① 教师示范并讲解对抛对接球的动作要领。（两人面对面站好,双脚前后错开,一方轻轻将球抛出,对方快速把球接住）

② 幼儿两两合作,自由练习,教师巡回指导。

4. 游戏：翻滚吧! 豆豆

（1）两两一组进行游戏。

游戏规则：幼儿两两合作,每组完成 5 次对抛对接,率先完成的一组获胜。

（2）分成两队进行游戏。

游戏规则：将全部幼儿分成两列纵队。第一位幼儿转身将球抛给第二位幼儿,第二位幼儿转身将球抛给第三位幼儿,以此类推,直到最后一位幼儿完成接球。中途掉球要捡回来重新完成抛接,率先完成的队伍获胜。

5. 分享快速对抛对接球的方法,进行放松运动

6. 收拾器材,整理场地,结束活动

（执教者：钟思婷）

## 体育活动：小猪运豆豆

### （一）活动目标

1. 理解并遵守游戏规则

2. 练习运球绕障碍物前进,锻炼身体协调性和灵敏性

3. 积极参与活动,感受游戏带来的乐趣

### （二）活动准备

软式棍球（含球棒与球）,呼啦圈,雪糕桶,大灰狼头饰,欢快的音乐,播放器。

### （三）活动过程

1. 热身运动

教师带领幼儿利用软式棍球做球操,活动身体。

2. 练习运球、控球

师：今天有一群小猪带着豆豆去森林里郊游，它们打算累了再把这些豆豆当作美味的午餐。可是森林里住着很多小怪物，它们闻到香香的味道就会爬出洞口来抢豆豆。

游戏玩法：幼儿分成两组，男生、女生各一组。游戏区域内分布着很多呼啦圈，每个男生站在一个呼啦圈里面。音乐响起，女生在游戏区域内运球，男生可以伸手去抓女生。女生只要被男生碰到就算是抓住，交换角色进行游戏。

3. 练习带球绕障碍物前进

师：小猪们成功躲过了小怪物，眼看就要到山顶了，前方长着很多小竹笋（雪糕桶）挡住了它们的去路，怎样才能绕过小竹笋呢？

（1）幼儿自主尝试，探索带球绕障碍物快速前进的方法。

（2）教师请个别幼儿示范，分享经验。

（3）幼儿再次进行练习。

4. 游戏：运豆豆

（1）第一次游戏。

师：小猪们都掌握了运豆豆的本领，能快速绕过小竹笋，太能干了！可是我们的欢呼声引来了大灰狼。它躲在树丛后随时准备窜出来抢豆豆，你们能保护好自己的豆豆，成功到达山顶吗？（配班老师扮演大灰狼，在幼儿运豆豆的过程中用球棒抢豆豆）

师：刚才谁的豆豆被抢走了？谁成功将豆豆运到山顶了？说说你是怎么保护好你的豆豆的。

（2）第二次游戏。

师：刚刚有很多小猪很聪明，它们懂得在大灰狼来抢豆豆时，用球棍紧紧压住豆豆，这样大灰狼就一点办法都没有了。我们再来试一试，这次决不让大灰狼把豆豆抢走！你们能做到吗？

师：小猪们都很棒！成功保护好了自己的豆豆，现在就让我们在山顶享受美味的午餐吧！（装作把豆豆吞进肚子）

5. 放松运动，收拾器械和场地，结束活动

（执教者：何恺琳）

## 社会活动：杂粮寿司

### （一）活动目标

1. 了解粮食日的意义，懂得爱惜粮食、不浪费粮食的道理

2. 能与家长一起认真学习制作五谷杂粮寿司

3. 感受与家长、同伴、老师一起烹饪的乐趣

### （二）活动准备

（1）PPT 课件。

（2）食材：黑糯米、小米、红米各 500 克，东北大米 1 500 克。（五谷在活动前蒸熟、放冷待用）

（3）工具：大围裙与头巾，小围裙与头巾，口罩，寿司帘，硅胶垫，水果刀，小碗，小勺，一次性碟子，料理盆，一次性手套等。

（4）提前与家长取得联系，邀请家长参与此次亲子活动。

### （三）活动过程

（1）老师介绍粮食日的意义（播放 PPT）。

师：世界粮食日是什么时候？为什么要开展世界粮食日活动？

（2）通过律动操"做寿司"将制作的步骤巧妙地融入到音乐情境中。

（3）认识制作材料以及五谷杂粮的功效。

（4）幼儿和家长一起动手制作杂粮寿司卷。

（5）展示成品，分享劳动成果，合影留念。

（执教者：赵晓榆）

## 科学活动：绿豆和小米

### （一）活动目标

1. 了解绿豆和小米的外形特征

2. 尝试使用工具将绿豆和小米的混合物分离开来，能记录并分享实验结果

3. 感受不同的工具在生活中的用途,对探究活动感兴趣

## (二)活动准备

绿豆和小米的混合物,调羹,漏斗,漏勺,滤网,面粉筛,碟子,小碗,记录表,彩色笔,黑板,磁吸。

## (三)活动过程

1. 抛出问题,导入活动

师:今天烹饪区的小朋友想做绿豆沙,可是他们在倒绿豆的时候,一不小心把小米也倒进去了。小朋友有什么办法将绿豆和小米分开吗?

2. 教师引导幼儿分析问题,进行猜想和讨论

师:你们觉得绿豆和小米有什么不一样? 怎样才可以快速地将它们分离开来?

师:我这里有一些调羹、漏斗、漏勺、滤网和面粉筛,你们觉得哪些工具能把绿豆和小米分离出来? 如果不用这些工具,你们还有别的办法吗?

3. 幼儿分组进行操作,验证猜想

(1)根据幼儿的猜想,将幼儿分成几组。

(2)幼儿选择本组使用的工具,进行操作,并将结果记录在表格中。

4. 每组派一位幼儿展示实验过程,分享实验结果

小结:小米比绿豆小,我们用漏勺能快速地将它们分离开来;漏斗和滤网的空隙都很大,绿豆和小米同时漏下去了,没法分离出来;面粉筛的网格太小,绿豆和小米都过滤不了;用调羹舀或者用手将绿豆一粒一粒挑出来,这样又费时又费力,都不是好办法。

5. 启发幼儿总结经验,学会动脑筋解决生活中出现的问题

师:在生活中,我们遇到问题要多动脑筋想办法。用对了方法能省时又省力,快速将事情做好,而用错了方法不仅耗时耗力,还可能把事情搞砸。

## (四)活动延伸

幼儿在烹饪区制作美味的绿豆沙并和同伴进行分享。

(执教者:何恺琳)

## 数学活动：黄豆宝宝的密码箱

### （一）活动目标

1. 学习用黄豆进行 10 以内数的合成

2. 结合生活经验进行探索发现，尝试用数字进行记录

3. 感知数学在生活中的用途，对学习数学产生兴趣

### （二）活动准备

每人 10 颗黄豆，铅笔，橡皮擦，密码纸，记录表。

### （三）活动过程

1. 导入活动，引起幼儿兴趣

师：小朋友们，早上好！今天老师带来了一位老朋友，它穿了件黄色的外套，圆滚滚的，像一颗小珍珠，你们猜猜它是谁？（黄豆）

师：请数一数我这里有几颗黄豆宝宝（10 颗）。这些黄豆宝宝要和我们玩游戏。你们准备好了吗？

2. 学习 10 以内数的合成

师：小黄豆说，它有好多个密码箱，但是密码都忘记了，只记得每一个密码都由 4 个数字组成。幸好它留下了一些密码纸，希望小朋友可以帮助它破解密码。

（1）教师示范。

师：密码的第一个数字是"1 颗黄豆加上 3 颗黄豆"。我们用小黄豆来数一数——"1 颗黄豆加上 3 颗黄豆，合起来是 4 颗黄豆"，所以我们在记录表里填上第一个数字：4。

师：密码的第二个数字是"2 颗黄豆加上 6 颗黄豆"。我们用小黄豆来数一数——"2 颗黄豆加上 6 颗黄豆，合起来是 8 颗黄豆"，所以我们在记录表里填上第二个数字：8。

师：密码的第三个数字是"3 颗黄豆加上 2 颗黄豆"。合起来是几颗黄豆呢？我们应该在记录表里填数字几？（数字 5）

师：密码的第四个数字是"4 颗黄豆加上 1 颗黄豆"。合起来是几颗黄豆？我们应该在记录表里填数字几？（数字 5）

师：现在我们成功破译了第一个密码"4855"。小朋友们学会了吗？现在就请你们根据密码纸来破译黄豆宝宝留给你们的密码吧！

（2）幼儿操作，教师巡视引导。

3. 分享验证结果

师：小朋友们都完成了吗？我们一起来看看你们的密码都破解对了吗？

4. 小结与延伸

师：小朋友们都很聪明，帮助小黄豆破译了一个又一个密码。可是，小黄豆说它还有 5 个数字、6 个数字和更多数字的密码等着你们来挑战。密码纸就放在这个柜子里，欢迎你们帮助小黄豆破译更多的密码。

（执教者：何恺琳）

## 音乐活动：鼓圈游戏——蚂蚁搬豆

### （一）活动目标

1. 巩固复习非洲鼓低、中、高三个基本音的打法

2. 尝试运用非洲鼓进行基本节奏的组合练习

3. 喜欢鼓圈互动游戏，感受非洲鼓的魅力

### （二）活动准备

手环，非洲鼓，歌曲《蚂蚁搬豆》，播放器。

### （三）活动过程

1. 复习歌曲《蚂蚁搬豆》

巩固该歌曲 ABA 结构（第一段和第三段是唱歌部分，第二段是说唱部分）。

师：宝贝们，还记得《蚂蚁搬豆》这首歌曲吗？我们来唱一唱、跳一跳吧！（师幼一起唱跳）

师：宝贝们会唱会跳，真棒！今天老师给大家带来一个乐器朋友，让它跟我们一起表演《蚂蚁搬豆》！（出示非洲鼓）

2. 复习非洲鼓三个基本音的打法

师：宝贝们，非洲鼓有 3 个不同的音，我们来玩一玩寻找低、中、高音的小游

戏吧。

师："咚"在哪里？（低音）

师："嘟"在哪里？（中音）

师："哒"在哪里？（高音）

3. 学习节奏：/B S S S/和/B SB B S/

（1）教师示范打节奏一/B S S S/，边打边念"咚 哒 哒 哒"，幼儿跟着教师练习。

（2）教师示范节奏二/B SB B S/，边打边念"咚 哒咚 咚 哒"，幼儿跟着教师练习。

4. 鼓圈互动小游戏（多玩几遍，直到幼儿熟练）

师：现在我们来玩一个鼓圈游戏。"大西瓜切切切，我把西瓜切两半"，从中间分开，我的左手边为第一组，我的右手边是第二组。

（1）游戏1：分两声部互动，一组打/B/，另一组打/S S S/。

（2）游戏2：第一个音往自己右手（带手环）方向拍打小伙伴的鼓，后面的音拍自己的鼓。

（3）游戏3：跟着老师口令拍打非洲鼓（第一个八拍拍手，然后在自己的鼓上打节奏一和节奏二，拍两下鼓拍两下手，拍两下鼓再拍两下两旁小伙伴的手）。

5. 播放音乐《蚂蚁搬豆》，进行鼓圈节奏互动大合奏

（1）播放第一段音乐，老师示范（前奏拍手，然后打节奏一），幼儿跟着教师练习。

（2）播放第二段音乐（说唱部分），老师示范（拍两下鼓拍两下手，拍两下鼓再拍两下两旁小伙伴的手），幼儿跟着教师练习。

（3）播放第三段音乐，老师示范（拍打节奏二），幼儿跟着教师练习。

（4）播放完整音乐，教师带领幼儿用非洲鼓进行演奏。

（5）教师引导幼儿用非洲鼓完整演奏1—2次。

6. 小结与延伸

师：宝贝们今天学会了用非洲鼓演奏《蚂蚁搬豆》，真是太棒了！以后我们可以经常在音乐区进行练习和表演哦！

（执教者：赵晓榆）

## 美术活动：豆子大变身

### （一）活动目标

1. 运用各种豆子制作粘贴画,感知豆类装饰画的特殊装饰风格

2. 能用豆子表现出简单的物体形象,具有想象力和创造力

3. 尝试评价他人的作品,感受作品的丰富性

### （二）活动准备

黄豆、绿豆、蚕豆、青豆、赤豆各若干,白乳胶,棉签,卡纸,油性笔,动植物轮廓图案若干张,豆子装饰画 PPT。

### （三）活动过程

1. 认识各种豆类

（1）出示各种豆子,引导幼儿说出豆子的名称。

（2）比较各种豆子在颜色、形状、大小等方面的异同。

2. 欣赏豆类画,开拓幼儿的思维

师：这些画跟我们平时看过的画有什么不一样的地方？ 它们是用什么材料做成的？ 你知道这些画是怎样做的吗？

3. 教师示范讲解

（1）选择自己喜欢的图案或在卡纸上画上自己喜欢的线条画。

（2）根据需要选取豆子一粒一粒粘贴在画上。

4. 教师指导幼儿操作,教师巡回观察,重点引导幼儿注意色彩的搭配、画面的协调。

5. 分享评价作品

师：你喜欢哪幅画？ 为什么？ 你觉得它好在哪里？

（执教者：赵晓榆）

## 美术活动：瓢虫

### （一）活动目标

1. 认识瓢虫的外形特征,了解瓢虫生活的环境

2. 尝试刻画出瓢虫生动的眼神和表情,掌握用水粉颜料涂色的方法

3. 体验用鹅卵石进行创作的乐趣,具有想象力和创造力

## (二)活动准备

(1)物质准备:瓢虫图片,鹅卵石,黑色油性笔,眼睛示范图,嘴巴示范图,水粉颜料,水粉笔,调色盘,洗笔筒,抹布,仿真树叶。

(2)经验准备:熟悉绘本故事《一粒小豆子》。

## (三)活动过程

1. 猜谜语引入

师:"红红甲壳长黑点,捕虫专家就是它。"小朋友们,你们猜猜这是哪种昆虫?(瓢虫)

师:你们还记得绘本故事《一粒小豆子》中的红豆子是谁吗?(也是瓢虫)

2. 出示瓢虫图片,引导幼儿观察瓢虫的外形特征

师:你们见过瓢虫吗? 在哪里见到的? 瓢虫长什么样儿? 它的头和身体是什么形状的? 它身上有哪些颜色?

3. 教师示范,讲解画瓢虫的步骤

师:今天老师带来了许多鹅卵石,猜猜鹅卵石可以用来做什么?

(1)选取一块鹅卵石当作瓢虫。

(2)用黑色油性笔画一条线将鹅卵石分成两部分(面积小的为头部,面积大的为身体)。

(3)用黑色油性笔勾勒出瓢虫的眼睛、嘴巴及斑点。

① 出示不同的眼睛图案,讲解示范眼睛的画法。

② 出示不同的嘴巴图案,讲解示范嘴巴的画法。

(4)用水粉颜料将瓢虫涂上颜色。

4. 幼儿操作,教师巡回指导

(1)重点提醒幼儿画出瓢虫生动的眼神和表情。

师:想一想,你的小瓢虫在做什么,它会跟它的小伙伴说些什么? 它是开心、伤心,还是生气? 这时候它的眼神和表情是什么样的? 怎样才能把它的眼神和表情表现出来呢?

(2)引导幼儿耐心操作,将颜色涂均匀。

5. 瓢虫派对，作品互赏

师：瓢虫喜欢生活在哪里？老师这里准备了一些又宽又大的树叶，请把你们的瓢虫放到树叶上，让小瓢虫一起开派对吧！

（执教者：龙艳）

## 烹饪活动：豆沙包

### （一）活动目标

1. 了解豆沙包的制作的过程

2. 能熟练掌握搓面团、蒸包子的技巧

3. 乐于动手、热爱生活，体验劳动的乐趣和成就感

### （二）活动准备

（1）食材：高筋面粉 500 克、红豆沙 500 克、纯牛奶 200 毫升、黄油 30 克、酵母 2 克、发酵粉 5 克。

（2）工具：软垫、蒸锅、大碗、锡纸托、电磁炉、调羹。

### （三）活动过程

（1）幼儿认识豆沙包，了解制作豆沙包需要的材料和制作流程。

（2）搓面团、揉面团。

小朋友戴好围裙洗干净手后，将 500 克的高筋面粉掺入 30 克黄油液体、2 克酵母、5 克发酵粉，用 200 毫升牛奶充分搅拌，搓揉成面团。

（3）发酵面团。

（4）半个小时之后，小朋友们取出面团，在老师的引导下把发酵好的面团搓成长条，平均分成若干份小面团。每人取出一份小面团揉捏成一个小圆形，放入豆沙馅，搓圆，放在锡纸托上。

（5）把做好的豆沙包放在热锅里，蒸 7 分钟左右，美味的豆沙包出锅了。

（执教者：赵晓榆、钟演虹）

## 烹饪活动：好喝的豆浆

### （一）活动目标

1. 了解制作豆浆所需要的材料和工具

2. 能根据流程图的指引进行操作，掌握煮豆浆的方法和技巧

3. 乐意动手操作，感受与同伴合作的乐趣

### （二）活动准备

（1）食材：500 克黄豆、白砂糖。

（2）工具：筛网、豆浆机、勺子、杯子、电磁炉、小汤锅、大碗、清水、料理盆。

### （三）活动过程

（1）阅读制作豆浆流程图，根据流程图的提示将材料和工具准备好。

（2）将泡好的黄豆舀进豆浆机。

（3）往豆浆机加入适量的水，准备开始煮豆浆（水量大概加到豆浆机三分之二位置即可）。

（4）老师协助接通电源，打开豆浆机开关，幼儿观察豆浆机工作的过程。

豆浆机"隆隆隆"响起来，小朋友很兴奋："老师，豆浆机好大声，感觉身体也跟着抖。"

（5）几分钟后豆浆就打好了。用筛网将豆浆过滤到料理盆里。

（6）在老师的协助下，将豆浆倒进锅煮开并加入适量的白砂糖。提醒幼儿豆浆一定要煮开才能喝，否则喝了会拉肚子。

（7）分享品尝豆浆，讨论还可以加入哪些食材让豆浆更有营养、更美味。

（执教者：赵晓榆）

## 烹饪活动：红豆奶茶

### （一）活动过程

1. 知道红豆可以做成各种美食，了解红豆奶茶的制作过程

2. 掌握制作红豆奶茶的技能和方法

3. 感受自我服务带来的成就感

**（二）活动准备**

（1）食材：白糖、红茶包、红豆、牛奶、黑白淡奶。

（2）工具：花茶壶、碟子、勺子。

**（三）活动过程**

（1）品尝红豆奶茶，猜测制作红豆奶茶需要的食材。

（2）教师介绍红豆奶茶的制作方法。

（3）小朋友在锅中放水，在老师的指引下加入红茶包煮沸。

（4）拿走茶包，加入煮熟的红豆小火煮一会儿，让红豆和茶叶味儿融合。

（5）放入适量白砂糖。

（6）小心翼翼地加入牛奶，搅拌均匀。

（7）给红豆奶茶加入黑白淡奶，让味道更加可口。

（8）分享红豆奶茶，交流烹饪过程和自己的体验。

图 12-5　幼儿正在倒入牛奶

图 12-6　幼儿们展示制作好的红豆奶茶

（执教者：何恺琳）

## 六　资源共享

　　家长与幼儿一起搜集跟豆子相关的绘本带回园；协助幼儿在家种豆豆，了解豆子的生长过程，协助幼儿做好《豆豆生长记录》；和幼儿一起制作亲子图书《一粒小豆豆》；开展世界粮食日亲子活动。

　　主题绘本资源：《一粒小豆子》《豆子历险记》《豌豆三兄弟》《妈妈买绿豆》《鹰嘴豆小子》《小海狸种扁豆》《红豆粥婆婆》《蚕豆大哥和长长的豆子》《会爬的豆子》。

## 七　课程赋能

　　形式多样的主题活动加深了幼儿对豆类的了解，丰富了日常生活知识，开拓了视野，为幼儿提供了大量操作探索的机会，满足了幼儿的好奇心和求知欲，在操作的同时进一步激发了幼儿的想象力及发散性思维。老师和孩子们一起经历了成功、失败，获得了很多可贵的生活经验，孩子们越来越热爱阅读、热爱烹饪、热爱探索、热爱大自然、热爱生活。

# 后　记

　　广州市黄埔区香雪山幼儿园创园于 2013 年 10 月 28 日,《大概念课程:幼儿园特色主题活动设计》是我园的第一本书,是全体香雪山教师团队智慧的结晶。此书的出版标志着香雪山幼儿园园本特色课程建设达到一个新的水平。我们对园本特色课程的探索,历经了几个阶段:

　　**第一阶段:萌芽立意。**研究表明,学前儿童已经具备开展早期阅读学习的能力。介于早期阅读不仅对儿童语言发展具有重要意义,还对儿童的想象、思维、情感、社会化及审美能力等具有重要价值,香雪山幼儿园把培养幼儿良好的阅读习惯作为一个重要的教育目标,"让孩子成为一个爱读书的人,让书香气息溢满香雪山校园"成为我们的追求。为了使阅读活动变得更加鲜活有趣,我园在开展阅读时将幼儿所喜爱的烹饪活动融入其中,在开展形式上采取亲子共读的方式,于是形成了"亲子烹饪阅读"这一特色活动。

　　**第二阶段:初现雏形。**我园集教师团队智慧梳理思路,进一步将设想付诸实践。首先,精挑细选优秀绘本。在挑选绘本时,我们着重考虑绘本的趣味性、教育性——好的绘本,不仅要生动有趣、能吸引幼儿,更要具有启迪心灵、开发智力、陶冶情感等功能。其次,精心营造美好氛围。针对目前大多数家庭没有形成阅读习惯这一现状,我们把家长请进幼儿园,通过自愿报名的方式参加活动,既让幼儿在宽松愉悦的氛围中感受阅读及亲情陪伴的快乐,又使家长在无形中获得科学指导孩子进行阅读的方法。另外,我们注重实操体验乐趣。我们挑选的每一本绘本都能延伸出一个烹饪内容,教师指导家长和孩子结合绘本情节开展烹饪活动,鼓励孩子通过动手操作获得有益的生活经验。当有趣的故事碰上味蕾的享受,又有哪个孩子能不爱上阅读呢?家长与孩子一次次一起遨游绘本海洋,共同感受和领略故事,结合故事情节,齐齐动手烹饪出香喷喷的纸杯蛋糕、卖相十足的南瓜派、精巧诱人的动物饭团……就在这样一种美好的氛围中,孩子不仅无法抑制地爱上精彩的绘本故事,在阅读中获得心灵的滋养和满足,更通过动手操作获得了真实的生活体验,为在今后生活中照顾自己和照料环境打下基础。

**第三阶段：研发拓展。**"亲子烹饪阅读"活动开展以来,受到了家长和孩子极大的喜爱。从家长和孩子的反馈中我们看到了它的魅力和潜力。在玩中学,在学中玩,孩子乐在其中。为了让课程更具生命力,我们进行更加深入的探索。基于对大概念课程理念的理解与认同,我们围绕大概念进行幼儿园主题活动设计,经过团队开发逐渐建构了以"绘本"和"烹饪"为双核心的大概念背景下的特色主题活动。

"不积跬步,无以至千里;不积小流,无以成江海。"香雪山幼儿园课程建设中走的每一步,凝聚着来自四面八方的力量。感谢广州市黄埔区政府、区教育局各级领导对香雪山幼儿园的关怀与大力支持,感谢上海教科院杨四耕老师对香雪山幼儿园课程建设的亲自指导,更要感谢全体香雪山幼儿园团队每一位教师为此付诸的不懈努力。立德树人是教育的根本任务,我们把立德树人理念渗透到园本课程体系中,浸入到幼儿一日生活,融入教育的全过程。在教育改革的浪潮中,我们怀揣梦想,笃定前行,心若香茗,静听花开。

周秀翠

2019 年 8 月于广州

## 学校课程发展丛书

| | | | |
|---|---|---|---|
| 数学学科课程群 | 978 - 7 - 5675 - 9445 - 6 | 58.00 | 2019 年 8 月 |
| 科学学科课程群 | 978 - 7 - 5675 - 9593 - 4 | 34.00 | 2019 年 9 月 |
| 核心素养与课程设计 | 978 - 7 - 5675 - 9462 - 3 | 46.00 | 2019 年 9 月 |
| 语文学科课程群 | 978 - 7 - 5675 - 9441 - 8 | 56.00 | 2019 年 9 月 |
| 品牌培育与学校课程 | 978 - 7 - 5675 - 9372 - 5 | 39.00 | 2019 年 9 月 |
| 英语学科课程群 | 978 - 7 - 5675 - 9575 - 0 | 39.00 | 2019 年 10 月 |
| 体艺学科课程群 | 978 - 7 - 5675 - 9594 - 1 | 34.00 | 2019 年 10 月 |
| 跨学科课程的 20 个创意设计 | 978 - 7 - 5675 - 9576 - 7 | 34.00 | 2019 年 10 月 |
| 学校课程与文化变革 | 978 - 7 - 5675 - 9343 - 5 | 52.00 | 2019 年 10 月 |

## 品质课程实验研究丛书

学校课程框架的建构：HOME 课程的旨趣与架构

978 - 7 - 5675 - 9167 - 7　　36.00　　2019 年 9 月

聚焦育人目标的课程设计：红棉花季课程的愿景与追求

978 - 7 - 5675 - 9233 - 9　　39.00　　2019 年 10 月

核心素养导向的课程设计：花园式课程的文化与聚焦

978 - 7 - 5675 - 9037 - 3　　48.00　　2019 年 10 月

学校课程文化的实践脉络：百步梯课程的逻辑与架构

978 - 7 - 5675 - 9140 - 0　　48.00　　2019 年 11 月

学校课程发展策略：SMILE 课程的逻辑与深度

978 - 7 - 5675 - 9302 - 2　　46.00　　2019 年 12 月

聚焦内涵发展的课程探究：芳香式课程的理念与实施

978 - 7 - 5675 - 9509 - 5　　48.00　　2020 年 1 月

以儿童为中心的课程：欢乐谷课程的旨趣与维度

978 - 7 - 5675 - 9489 - 0　　45.00　　2020 年 1 月

## 特色学校聚焦丛书

每一个孩子都是一棵树　　978 - 7 - 5675 - 6978 - 2　　28.00　　2018 年 1 月

教育不是一个人的事："众教育"36 条

978 - 7 - 5675 - 7649 - 0　　32.00　　2018 年 8 月

不一样的生命，一样的精彩　　978 - 7 - 5675 - 8675 - 8　　34.00　　2019 年 3 月

童味正醇：特色学校的文化图谱　　978 - 7 - 5675 - 8944 - 5　　39.00　　2019 年 8 月

特色普通高中课程建设探索　　978 - 7 - 5675 - 9574 - 3　　34.00　　2019 年 10 月

儿童是天生的探索者：360°科学启蒙教育

978 - 7 - 5675 - 9273 - 5　　36.00　　2020 年 2 月

做精神灿烂的教师：教师自我成长的 5 个密码

978 - 7 - 5760 - 0367 - 3　　34.00　　2020 年 7 月

## 跨学科课程丛书

大情境课程：主题设计与创意评价

978 - 7 - 5760 - 0210 - 2　　44.00　　2020 年 5 月

社会参与素养的培育模型与干预机制

978 - 7 - 5760 - 0211 - 9　　36.00　　2020 年 5 月

## 核心素养导向的课堂教学丛书

漾着诗性智慧的课堂教学　　978 - 7 - 5675 - 9308 - 4　　39.00　　2019 年 7 月

转识成智的课堂教学：核心素养导向的历史教学

978 - 7 - 5760 - 0164 - 8     40. 00     2020 年 5 月

学导式教学:学会学习的教学范式

978 - 7 - 5760 - 0278 - 2     42. 00     2020 年 7 月